中国出版家丛书
ZHONGGUO CHUBANJIA CONGSHU

中国出版家 姜椿芳

Zhongguo Chubanjia
Jiang Chunfang

柳斌杰 主编　陈义望 禾亦 著

人民出版社

出版说明

　　出版不仅仅是一个充满竞争的商业领域，同时，它也深深打上了"文化"和"思想"的印记。在这个文化场域中，交织着多种力量的动态关系，通过出版物的呈现和出版活动的开展，描绘了一个时代的文化风貌；而回旋折冲于其间者，则是那些幕后活跃、台前无闻的各类出版人。他们自喻"为他人做嫁衣裳"，事实上，却是国家文化传承和历史记录的主要担当者，有出版发展的参与人和见证者甚至称他们所起的作用为保存民族记忆的千秋大脑。虽然扼据出版要津之地，却少见自家行当的人物传记出版。本丛书是第一次规模化地为这个群体中的杰出者系列立传，从一个人到一群人的出版事功中，折射出近代以降出版业的俯仰变迁，同时也见证着出版参与时代文化思想缔构及其背后深广的社会历史内容。那些曾经彪炳于时的出版人，一方面安身于这个行业，以其敏锐犀利的时代洞察力，在市场、经营与创意中躬行实践，标领乃至规划了这个行业的发展，并使之成为国民经济的一个重要门类；另一方面又在"安身"之外，显现出面向社会的公共性关怀与"立命"的超越性关怀，从职业而志业的追求中，服务于民族解放、思想启蒙与文化进步的社会性经营，书写了出版人生的风采、风骨与风流。

本丛书所传写的 30 余位出版人，均为活跃于 20 世纪并已过世的出版前辈。中国古代也曾涌现了陈起、毛晋等出版大家，只是未纳入本书的传主范围。丛书在体例上，有单人独传与多人合传之分，但这并不必然意味着对传主出版贡献及其历史地位的轻重判别，许多情况下的数人合传，乃困于传主史料的阙如而不得已的选择，某些重要出版人如大东书局总经理沈骏声、儿童书局创办人张一渠等，也囿于同样情形而未能列入本丛书的传主名单，殊觉憾事。虽说隐身不等于泯灭，但这个行业固有的幕后特征多少带来了出版人身份上的隐而不显、显而不彰。本丛书的出版，固然是想通过对前辈出版事迹的阐幽发微、立传入史，能让同样为人做嫁衣者的当今出版人不至于觉得气类太孤，内心获得温暖，并昭示后来者在人生目标上，在家国情怀上，在出版境界上，追步于前贤，自觉立起一面促人警醒自鉴的镜子；同时更希望通过一个个传主微历史的场景呈现，让更多的人认识到出版在产业之外，更是一项薪火相传的社会文化事业，它对时代文化的接引与外度，使其成为一种任何人都不可忽视的"势力"，在百余年来的社会发展进程中，发挥了不可替代的作用。

故此，我们推出这套"中国出版家丛书"，以展示中国文化创造者的风采，弘扬他们的优良传统和崇高的职业精神，发掘出版史史料，丰富出版史研究和编辑史研究。

"中国出版家丛书"编辑委员会
人民出版社编辑部
二〇一六年四月

目 录

前 言 001

第一章 北上入哈，革命岁月的起点（1912—1936）.....................001

    一、从故乡到北国 001

    二、找到组织 005

    三、姜母十三迁 009

    四、暗夜鸣镝 014

第二章 沪上的暗夜勇者（1936—1949）.............................019

    一、推广苏联电影 019

    二、译著立身 021

    三、"搞文化工作很在行" 030

    四、《时代》周刊和时代书报出版社.............................037

    五、翻译英杰的"助产师" 051

第三章　从革命者到翻译家（1949—1975）.................055

　　一、续办"时代"　初建"上俄".................055

　　二、编译局中译经典.................062

　　三、翻译活动和对外交往.................070

　　四、风雨骤至.................075

第四章　心血铸百科（1975—1985）.................081

　　一、酝酿倡议　发心启蒙.................081

　　二、"抢救工程".................091

　　三、《天文学》卷先行.................094

　　四、求实求是的编辑原则.................099

　　五、"部件、零件和元件"——百科条目.................103

　　六、戮力诚心聘人才.................108

　　七、胼手胝足苦耕耘.................113

　　八、创办《百科知识》，引进《不列颠百科全书》..........122

第五章　生命的最后两年（1986—1987）.................133

　　一、顾问的"执着".................133

　　二、百年梦想一部书.................142

　　三、编译之歌.................145

　　四、最好的纪念.................149

姜椿芳编辑出版大事年表.. 157

参考文献.. 174

代后记：最好的纪念，除了书写便是传承 178

前　言

　　姜椿芳（1912—1987），翻译家、编辑出版家，编辑出版《中国大百科全书》的首倡者。生于江苏常州，卒于北京。别名椒山，笔名林陵、什之、厚非、江水、绿波、贺青、叔懋、侯飞等。

　　姜椿芳出身贫苦店员家庭，少时即受到爱国主义和民主主义思想的影响。1928年小学毕业后随家迁居哈尔滨，并开始学习俄文。1931年参加反帝大同盟，加入共青团，翌年转为中共党员，开始投身新闻出版、戏剧、戏曲、翻译等文化工作。主编《满洲青年》（后改为《东北青年报》）。1936年8月到上海，在亚洲影片公司做苏联影片的发行宣传工作，并发起成立中苏电影工作者协会。1941年创办《时代》周刊中文版，任主编。抗日战争胜利后，创办《时代日报》，任总编辑，同时任时代书报出版社社长。1949年后，任上海军管会文管会剧艺室主任、市文化局对外文化联络处处长，创办上海俄文学校（现上海外国语大学前身），任校长兼党委书记。1952年调北京任中共中央宣传部斯大林著作翻译室主任，1953年任中共中央马恩列斯著作编译局副局长，参与翻译出版《马克思恩格斯全集》、《列宁全集》、《斯大林全集》三部著作的组织领导和审校工作。自 20 世纪 60 年代起领导《毛泽东选集》和中央文献的外文翻译工作。

姜椿芳于 1975 年酝酿编纂《中国大百科全书》。1978 年 5 月经中共中央、国务院批准，负责筹组中国大百科全书出版社。11 月出版社正式成立，他出任首任总编辑，并任《中国大百科全书》第一版总编辑委员会副主任，1987 年改任顾问。他把晚年的全部精力献给了中国的百科全书事业。姜椿芳曾任全国政协第五、六届常委，文化组副组长、组长，中国翻译工作者协会第一、二届会长，中华诗词学会常务副会长，中国文联全国委员会委员等。

姜椿芳博学多识，勇于开拓，不断创新，被誉为"文化灵苗播种人"。作为我国翻译事业重要的开拓者，姜椿芳为推动我国翻译事业和外语教育事业的发展做出了重要贡献；作为中央编译局的开创者之一，他为我国马克思主义经典著作的编译、文献典藏和人才培养做出了突出贡献；作为中国现代百科全书事业的奠基人，他为填补中国文化发展史上百科全书事业的空白做出了巨大贡献；作为我国著名的社会活动家，他在我国思想文化建设的诸多领域中都留下了宝贵财富。

姜椿芳的一生，是革命的一生，是负重前行却始终不屈的文化战士的一生。无论是在新中国成立前参加种种地下党活动，还是新中国成立后创建"上外"、从事口语翻译，以及编辑出版皇皇巨制《中国大百科全书》，贯穿始终的是他伟岸的人格、超越常人的辛勤和坚忍不拔的毅力。

姜椿芳团结第一代百科人，白手起家，锐意进取，投身于中国百科全书事业，铸就了《中国大百科全书》的恢宏巨制，创造了巨大的精神财富。百科全书涵盖人类所有的知识门类，这么多学科不可能有人样样精通，所以敢于设想并主持这样的工作，就需要相当大的胆识和魄力。姜椿芳就做到了，因为他是一个基本上自学成才学识渊博的人，比起一般专家、编辑有一个很大优点，他不囿于自己已有的知识，否则就不可能承担所计划出版的 75 个不同学科的规划出版工作。他深知自己的不足，采取的办法就是以超出常人的辛勤劳动——不惜多病和双目几乎失明的躯体，努力拼搏，移樽就教，广采众长。《中国大百科全书》各卷得以在较短时间内问世，除了顺应了时代大势外，姜椿芳作为一个经验丰富、业务娴熟的出版家的善于统筹、"长袖善舞"绝对功不可没。他多次参加审稿活动，听取多方面的意见，精益求精。

他的精神，始终激励着我们在一穷二白时甘于清贫，洒下努力拼搏的汗水，激励着我们在面对困难时众志成城，立下共渡难关的决心，激励着我们在面对荣誉时不骄不躁，写下再创辉煌的愿景。

第一章

北上入哈，革命岁月的起点（1912—1936）

一、从故乡到北国

1912 年 7 月 28 日，农历六月十五，江苏常州城西约三十华里的武进县西横林镇（今常州市钟楼区西林街道），一条清静小巷中的一座青砖院落里，一名年轻女子在痛苦辗转三日后，终于诞下一名男婴，这便是姜椿芳。

姜母张长生是张家的长女，很早就操持家务，家中弟妹都在她的照料下成长，因而她结婚比较晚，也没有出阁，只是招赘在家。

姜椿芳出世百日后，姜父姜母携子还乡，族中深通文墨的长辈为其取名"椿芳"。

姜椿芳是家中独子，一家三口靠着父亲微

薄的收入艰难度日。

1919 年春天，姜椿芳进入私塾读书。前两年是在一位姓孙的先生处读《百家姓》、《三字经》、《大学》、《中庸》；后因该私塾停办，转入一位周先生开设的私塾读《孟子》；1923 年入张先生的私塾读《孟子》、《幼学琼林》等。

五年私塾生活为他打下国学基础，培养起阅读和理解中国古籍的初步能力。他后来成为翻译家和编辑，书斋里仍藏有全套《四部丛刊》及其他古籍。他晚年写的关于百科全书的论文论及中国古代百科全书——类书的源流沿革，如数家珍，是离不开他这扎实的"童子功"的。在私塾中，塾师讲授平仄、用韵、对仗等诗词格律知识，塾师本来的目的是教孩子学写古诗，想不到这位高足后来却把它用来译诗，例如普希金的诗剧《鲍里斯·戈都诺夫》，姜椿芳便是用韵文译出的。姜椿芳的诗才在晚年发皇，1978 年 10 月他和萧军、楼适夷、张报等共同发起组织写古典诗词的团体——野草诗社。诗社编辑的《野草诗辑》，每一辑都刊有姜椿芳的诗作。新华出版社出版的《野草诗词选》收有他的诗《哭三女齐娜》、《祭淡秋》等七首。

姜椿芳于 1924 年春入读新式学堂"东吴大学附属第十二小学"，这是一个创办于 1912 年的基督教学堂，在这里他认识了他的挚友、后来重要的革命伙伴——袁励康（曾用名袁亚成、袁彦椿，1949 年后工作于上海歌剧院）。12 岁的他，论国文程度足以同小学高年级的高材生相颉颃，可是"洋学堂"有点看不起私塾学历，只准插班初小二年级。东吴附属小学高年级就开始学英语，在当时，除了上海这样的通都大邑以外，一般学校是办不到的。小学英语内容单薄，程度不深，却成了大翻译家姜椿芳的发轫之地。小学国文课教文言，也教白话，姜椿芳后来流畅、清隽、生动而细腻的文风，也是在这里打下的基础。此时的姜椿芳成绩优异，每个学期都是第一名。除了学习功课，他还阅读很多的课外书籍。那时家里清贫，买不起书，他就常常向常州图书馆和朋友们借书看。每天晚上看厚厚一摞，第二天会再更换一摞。或许由于照明不好加上用眼太多，或许是他从小学时就爱上了篆刻并一直未曾间断，导致眼睛过于疲劳，所以从小他的鼻梁上就架着一副厚镜片的眼镜。

1927 年 3 月 20 日下午，常州国共两党组织的各机关、群众团体代表，工人、学生三四千人，游行至西门外列队欢迎国民革命军第十七军第一师先遣部队。常州城内百姓闻讯倾城而出，夹道欢迎。21日，万余人在公共体育场举行市民大会欢迎革命军。大会通过接收商团武器、铲除土豪劣绅、废除苛捐杂税、实行八小时工作制等"十项市民要求"，并接收警察三四十支步枪，以武装工人纠察队。姜椿芳也参加了反帝反封建的学生运动，并被选为学生代表，参加了县里的学生会，初步展现出组织能力。

也就是在这一年，在哈尔滨电报局当抄写员的大伯父姜岳令回乡探亲，他见弟弟姜岳安失业，正苦于无处谋生，而正在长大的侄儿忠厚聪慧，是个可造之才，就劝他们随自己一同回哈尔滨，俄文学成后若能通过考试便可以在中东铁路谋生，当时中东铁路的工人和职员工资很高。

姜父与家人深入磋商后，便先随长兄去了哈尔滨。可是到东北后，姜岳令却因工作原因被调到哈尔滨东北方 600 公里外的同江县电报局，姜父只得独自留在哈尔滨，找了份为同乡做饭的工作，艰难谋生。

1928 年夏，姜椿芳高小毕业。姜母见丈夫一去半年少有音信，又想起姜岳令的话，便当机立断，既为了全家团圆也为了儿子将来能有更好的发展，决意全家迁往松花江畔的哈尔滨。姜椿芳在与同乡同窗袁励康等惜别后，随母于当年 8 月来到当时的东西方物资重要交流中心哈尔滨。

此后，姜父前往同江县找兄长谋生，后来又到了邻县富锦某地做火磨仓库管理员。姜母为照顾姜椿芳而留在哈尔滨，在道外北大道街的一个大杂院内寄居。姜椿芳则于当年夏考入寄宿制学校——东省特区第三中学初一六班，继续学习。

伯父建议姜椿芳在课余学习俄文，便于将来去待遇优厚的中东铁路局找工作。于是姜椿芳在日课之余，跟随一位白俄侨民格拉祖诺夫学习俄语。这位俄语老师每天教他一个小时的俄文，但是不懂汉语，只能用生硬的英语来解释俄语。这种"曲线"学习外语的困难程度可想而知。姜椿芳非常珍惜学习的机会，凭着之前在常州教会小学学过的一些简单英语，借助翻看俄英词典，坚持学习从未接触过的俄语。

当时，中国人学习俄文遇到的困难之大，是今日的人们难以想象的。主要表现在两方面。一是根本没有任何一本通用的教材。俄侨老师的教学方式是随意的，自己知道什么就教什么，自己爱教什么就教什么，毫无模式可言。加上语言沟通困难，更增加了隔膜。二是根本没有任何一本俄汉词典，遇到不认识的俄文单词，无处查得其意义，只能依靠俄英词典或俄日词典来辗转查找。

那段时光，家庭生活日渐拮据，母亲在同乡家里做"住家帮手"支撑生计，她默默承受着生活的重担，并没有把这份压力带给年幼的孩子。这些，姜椿芳都看在眼里，早日自立的念头暗暗萌生。后来，他在回忆起这段时光时写道：

> 同乡照顾同乡是出于好意，但好意也有一个表现形式，那就是我母亲作为他们的乡亲，并且尊称她为"姜太太"，寄居在他们家，为他们做饭，管家务事，做女仆的工作，不拿工资，住和吃就是代价。我星期天去吃饭，寒假去寄居，就是附加的代价。……读书之外，当然要干些零活，虽然是打地铺睡地板，总算是保暖地度过了最寒冷的一个冬日。
>
> 寒假之后，继续到中学寄宿读书，继续请那位俄侨老师格拉祖诺夫教俄文。寄人篱下的生活，没有任何收入，母亲拿她仅余的一点首饰兑换了几十元钱，为我缴学费。她竭力装着很随便的样子，我看出她是忍着眼泪的，我也装着并不介意的样子接过钱来。母亲并没有嘱咐我要用功读书，早日独立。我也并不向她说什么一定用功读书这类的话。对于我们这样处境的人，这些话都是多余的。①

二、找到组织

1928 年 6 月，沈阳皇姑屯事件发生。日本为进一步推行大陆政策和满蒙政策，加紧密谋在东北修建多条铁路。东北各学校学生立

---

① 姜椿芳：《姜母十三迁》，《上海文史资料选辑》1991 年第 66 辑。

即罢课，进行反抗和游行。姜椿芳被推选为学生代表。11月9日，姜椿芳参与的示威游行遭到军警阻拦，一百余名学生受伤，史称"一一·九"事件。

姜椿芳第一次如此近距离地接触到反帝抗日的革命风潮，热血激荡，他开始阅读一些进步报刊和书籍，对祖国和民族的命运产生更多的思考。17岁的他把汹涌的感思付诸一篇篇诗作和文章。比如，他于1928年冬发表在《国际协报》副刊《绿野》上的作品《电灯》、《寻找职业》，就借贫困市民和失业者的黑暗生存环境表达对不公社会的控诉。

1929年7—12月，南京国民政府和东北地方政府因收回中东铁路而与苏联方面发生大规模军事冲突，这便是著名的中东铁路事件。长达半年的中苏冲突，对当地的中国民众造成了极大影响。姜父因工作所在地富锦距苏联边境较近受到战火波及而失业。

1929年秋季开学后，姜椿芳也因拿不出学费，被迫辍学。他几次参加中东铁路的招聘考试都无功而返，后来在同乡的介绍下进入中东铁路工务处第八段办事室做俄文抄写员。他一边工作，一边加紧自修俄文。他的邻居大多都是通晓俄语的铁路专家，姜椿芳一有机会便去他们那里请教，借些俄文书籍起早贪黑地读。经过一段时间的刻苦学习，他的俄文有了很大的长进。同时还通过坚持读报，对社会生活、国家政治和世界形势，有了比较系统、明确的看法，逐步树立起追求进步的世界观。

到了年底《伯力议定书》达成后，中东铁路恢复原状。姜椿芳是在"纠纷"时期进去工作的，这样的职工应该一律离职，于是姜椿芳仅仅工作了四个月便失去了工作。

　　失业后，父母为他工作的事情四处奔走，遇到了被派往哈尔滨传教的、曾在常州传过教的张海云牧师。原来，早在 1927 年春，姜椿芳与母亲就在恺乐小学校长蒋文渊的劝说下一起加入了基督教，因此得与张海云牧师熟识。张海云得知姜椿芳的困境，便于 1930 年初把他推荐到了哈尔滨光华通讯社去做俄文翻译。每天从俄文晚报上译出一两千字的本市新闻，由通讯社择要发出，这样一个月下来可得到 20 元大洋的工资。到了初夏时节，姜母又请求邻居帮助姜椿芳在英商保宏保险公司找到了一份收账员的工作，月薪 30 元。这样，他每天上午去保险公司收账，下午去通讯社做翻译，一个月能有 50 元收入，一家人的生活得以维持。

　　据姜椿芳回忆，哈尔滨光华通讯社专门发布本市新闻。新闻的来源主要有几个方面：一是社长交游广阔，每天出门东采西访所得；二是当时市内各政府机关送来的"正式发布的新闻"；三是从当地一份名叫《话筒》的俄文晚报上选译的当天中文报纸上没有的新闻。俄文晚报一般在 15 时左右出版，姜椿芳收到散发着油墨香的报纸后必须立刻着手翻译，同时还得辨别出哪些是中文早报上没有的消息，哪些消息是值得报道给中国读者的，而最后的集稿时间在 19 时左右。一开始，这份工作对姜椿芳来说难度较大，但养家糊口的工作是不容挑三拣四的，硬着头皮干的结果是俄文水平迅速提高。

　　哈尔滨光华通讯社是国民党员刘天佑办的，那时国民党员在东北算是进步人士，但当时已经初步具有左倾思想的姜椿芳常常在如何处理新闻稿方面跟这位老板产生争执，双方都很不愉快。刘天佑的兄弟、吉林大学学生刘天任却是一位中共地下党员，比较欣赏思想进步的姜椿芳，时常与他交流，并介绍了不少文艺书给他看，姜椿芳的思想觉悟得到提升。这一年姜椿芳每天剪报，搜集资料，读《大公报》上的《苏俄视察记》，思想上开辟了一个新世界。也就是在这段大量接收信息的过程中，他开始关注江西的红军活动。

1931 年 7 月，日本军国主义为达成其侵占中国东北领土的阴谋，蓄意插手吉林长春万宝山一带中朝土地契约纠纷，并且强行镇压参与的中国农民，万宝山事件爆发。刘天任此时放暑假，从吉林回到哈尔滨，他是共产党领导的哈尔滨反帝大同盟的活跃分子，就推荐姜椿芳加入了反帝大同盟，并参加了哈尔滨地下党组织和反帝大同盟领导的反日宣传活动。同年 8 月，姜椿芳加入了中国共产主义青年团。

入团后的姜椿芳为发展、建设团组织积极工作。他建立了新安埠街道团支部，亲任团支部书记，他在安顺街 77 号的家成为团支部的活动地点。后又在中东铁路工人居住区等地组织进步青年学生成立了几个读书会，派同志按时到读书会讲国内外形势，讲解共产主义基础知识，组织阅读进步文学作品，并且从中发展了一批团员和反帝大同盟会员。

1932 年 2 月 5 日，日军占领哈尔滨，东北三省全部沦陷。在此前后，光华通讯社停办，保宏保险公司裁员，姜椿芳又一次失业了，只能靠教几个孩子和在《国际协报》等报刊上投稿来赚取一些微薄的收入。

1932 年 5 月，在党组织安排下，姜椿芳来到"英吉利-亚细亚"电报通讯社（简称"英亚社"）担任俄文翻译和编辑。在去英亚社之前，中共满洲省委书记罗登贤找姜椿芳谈话，嘱咐他英亚社是苏联塔斯社的化身，在那里工作要保密，今后中苏两党有什么信息要传递，就通过姜椿芳和英亚社内苏联人的关系来进行。

英亚社创立于 1929 年 2 月 9 日，是共产国际在哈尔滨设立的秘密新闻机构之一，社长是英国犹太人哈同·弗利特。当时，苏联的塔斯社在中国东北不能公开播发电讯稿，而英美人在中国有治外法权，办报不受干涉。苏联方面便透过共产国际调进一些英美等国人士，到中国东北地区协助建立通讯社，为共产国际和苏联服务。其间，中共北满特委公开发行的《哈尔滨新报》，绝大多数国内外新闻都采用的是英亚社的电讯稿。

这样，姜椿芳从 1932 年 5 月起，便上午做党团的工作，下午做英亚社的工作，一直持续到 1936 年 5 月电讯社停办。几年下来，高强度的翻译工作使姜椿芳的俄语水平得到迅速提高，译稿和刻蜡版的技术已经达到每小时千字左右，非常娴熟了。更重要的是，这使他有机会更加全面和系统地了解国际局势、学习进步思想宣传工作，为他以后成为翻译大家、文化出版大家打下了坚实的基础。那个时期所有关于东北的消息，尤其是关于各地义勇军和抗日部队的消息，以及来自上海、天津等地工人斗争、农民运动、社会名流营救被捕共产党人的消息，都是他通过英亚社这个渠道发送出去的。

三、姜母十三迁

姜椿芳于 1932 年 1 月成立的新安埠街道支部，就设在姜母第九次迁移后的家中。

此前，他们常因生活或工作原因而四处迁居：1928 年由江南的常州到松花江南的哈尔滨为第一迁，姜椿芳考入东省特区三中并住校为第二迁，姜母寄居道外大杂院为第三迁，1929年姜椿芳辍学后回到马家沟居住为第四迁，姜椿芳在中东铁路找到工作后迁居南岗吉林街的高级住宅区为第五迁，1930年初姜椿芳失业后再回道外为第六迁，1930年初到光华社工作后因腿部受寒一度行走不便而迁居离工作地点更近且有俄文老师为邻居的道里六道街为第七迁。

在姜椿芳于1931年夏加入反帝大同盟后，姜父姜母觉察到儿子的变化以及到访进步青年增多，尤其姜椿芳入团后各种活动越来越多，为了安全起见，在日军占领哈尔滨后又搬了第八次家，卜居在安顺街一个院子的楼上。后来担心邻居不安分，就又搬了家，还住新安埠，这是第九迁。

姜椿芳是党团工作的积极分子，姜家也成为红色地下活动的"根据地"之一。根据《哈尔滨革命旧址史话》的史料记载[①]，姜椿芳家所住的安顺街77号老楼也是1932年4月共青团哈尔滨市委成立会议会址及团市委机关所在地。当时任中共哈尔滨市委书记的杨靖宇（化名张贯一）在团市委成立会议上作了重要讲话。在这次会上，姜椿芳被任命为宣传部长，赵尚志的二哥赵尚朴被任命为组织部长，团市委书记是一位叫吴正廷的电车工人。

1932年9月，共青团中央任命姜椿芳担任团满洲省委宣传部长，负责编辑《满洲青年》（后更名为《东北青年报》），把党团中央和满洲省委的决定和通知，以及东北各地义勇军和抗日游击队武装抗日的胜利消息等，及时传播给广大团员和青年。

因为姜椿芳的工作从团市委调到了团省委，居所要作为团省委机

① 参见张福山、周淑珍：《哈尔滨革命旧址史话》，黑龙江人民出版社1995年版。

关，必须与团市委断绝关系，这样姜母只得又找房子，搬到了道里五道街1号院，这就是姜母第十迁。可是不久发现，房东是个警察，就住在他们对面，中间只隔一个过道。姜母看到五道街1号院内有两栋楼，于是为安全起见，就搬到了另一栋楼上，这是姜母第十一迁。

根据工作需要，团省委的秘密机关就设在姜椿芳再次搬迁的家里。团省委的领导同志常在这里开会。他的父母非常支持同志们的革命行动，甚至主动担当起了地下交通员、放哨员。

姜椿芳的工作十分出色，经组织批准，光荣地成为一名中国共产党党员。

第十一迁后的新址，楼下是临街的店铺，楼上有两家成衣铺，缝纫机成天嗒嗒响，来往的人络绎不绝，很容易起到掩护作用。据姜椿芳回忆，工场的门是日夜敞开的，来往的人众多，姜家这个机关也就变成门庭若市的半公开场所。团省委的同志来，团市委的人也来，甚至支部的人也来。游击队派来哈尔滨找省委关系的人也找到这个地方，来人没有地方住，就在姜家过夜，搞得姜家不像秘密机关，倒像一个客店。姜母有着高度的政治热忱，却不懂保密原则，来者不拒，凡是跟党组织有关的人都一视同仁地招待。这样的场所虽有方便之处，却也破坏了保密的原则，从长远看不宜这样维持下去。于是，党省委的组织部长何成湘通知姜椿芳，组织决定让他从团委转到党委，即刻搬家，搬家之后只有何成湘和姜椿芳联系。姜椿芳必须断绝与团组织的一切联系，以后无论团省委、团市委、团支部的任何同志都不得到姜家来。

姜母遂于1932年冬天在十一道街找到了一间半地下室，这就是姜母第十二迁。以上这段经历，也就是姜椿芳在"文化大革命"期间的所谓交代材料①中写的："在团省委工作约两三个月。12月间，金大秀通知我要转到党省委去工作，不久便介绍'小李'同志（即郝成祥，现名何成湘）来接关系。他让我搬家，同团市委和团省委以及各支部断绝关系。自此我便完全转到党内工作，我的家成为党省委的机关。"②

1933年5月，杨靖宇从南满来到哈尔滨，在姜家住了一个月。5月28日端午节那天，以"过节请客"为掩护，在姜家召开了省委扩大会议。会上，根据中央指示，做出了建立东北人民抗日军、东北人民政府，建立统一战线等决定。

1933年初，根据地下党组织的安排，姜椿芳被调到中共满洲省委宣传部任干事，主编《满洲红旗》（后更名为《东北人民报》），同时为省委起草各种文件和宣言、传单等，并领导一个秘密印刷所和一个秘密发行站。

姜母心疼儿子，觉得年轻人干那么多工作实在太危险，容易被敌人发现，就主动要求承担送党的文件和稿件的任务。姜母告诉姜椿芳，她一个大字不识的妇人，如被敌人发现就说这是在街上捡来的废纸，不容易招人怀疑。后来经省委批准，她当上了省委交通员。姜母沉着勇敢，并且逐渐摸索出自己的应对方式，不管多么危险，老人家都能完成任务，没有出过差错。

1933年底到1934年初，哈尔滨的形势更加严峻，白色恐怖日益严重。党省委考虑到，姜椿芳进出英亚社，最容易暴露身份，使敌人

---

① 收入《怀念集》时，改为《姜椿芳简历》。
② 姜椿芳:《姜椿芳简历》，载姜椿芳《怀念集》，奥林匹克出版社1997年版，第26页。

找到省委机关，党的工作和英亚社的工作不能兼任，为了组织的安全，就让姜椿芳再次搬家，并与党保持单线联系。于是姜母又开始了第十三迁。姜的女婿纪恒俊[1]这样评价："奶奶在哈尔滨共搬了十三次家，被称为'姜母十三迁'。前七次是为了儿子的学习。谁家有学问，谁家书多，姜母就设法去谁家当保姆，条件只有一个——能借书给儿子看。而后六次搬家是为了省委机关的安全。当时省委机关就设在奶奶家中。杨靖宇将军、军委李兆麟、组织部长何成湘（解放后任国家宗教局局长），都是家中常客，必须保证绝对安全。省委每次搬家选址都是姜母的任务，她有相当丰富的地下斗争经验。"

姜母第十三迁后，由于与组织采取的是单线联系的方式，随着半年后联系人的牺牲（1949 年后方得知），姜椿芳在 1935 年与 1936 年暂时与党组织失去了联系。

这里还要说到，姜椿芳在哈尔滨从事地下革命活动，为了遮人耳目，经常以"虔诚的基督徒"面目出现。他谙熟《圣经》，甚至能背诵其中的某些章节段落。星期天他常到哈尔滨道里区端街 31 号的基督教堂去做礼拜，巧妙地把礼拜堂作为与地下革命同志接头的地点。

这里说的道里区端街 31 号（现尚志幼儿园址）基督教堂，是当时道里区最大的耶稣教组织——创立于 1903 年的哈尔滨卫斯理教会的教堂，当初介绍姜椿芳到光华社工作的张海云牧师就在这里主持教会事务。他们早年就熟识，相处很融洽，但张海云并不知道姜椿芳是共产党员。姜椿芳不仅经常到卫斯理教会做礼拜，一有时间也到教会帮忙，因此深得牧师的信任。

---

[1]　纪恒俊：《奶奶和杨靖宇二三事》，《百年潮》2011 年第 12 期。

1934 年，赵尚志领导的东北反日游击队哈东支队日益壮大，不断出击，使日伪当局闻风丧胆。任震英担任满洲省委交通员，经常为这支队伍募集和购办医药用品。他和夫人侯友竹经常与一些同志在卫斯理教堂接头。任震英一般作富家公子打扮，西装革履，风度翩翩；侯友竹则作贵妇打扮，着装入时，雍容华贵。他们坦然自若地出入卫斯理教堂，有时在教堂的阅报室接头，把夹在对方《圣经》中的情报取出，夹放在自己的《圣经》里，有时还在祷告之际秘密传信。

姜椿芳开辟的卫斯理教会秘密联络点，从 1932 年 4 月下旬到 1936 年 6 月，安全使用了 4 年，是当时地下党使用时间最长的一个接头点。

四、暗夜鸣镝

亲身参加对敌斗争之外，姜椿芳还以笔为戈，以文为刃，从 1929 年开始在哈尔滨各报的文艺副刊上发表了四十余篇小说、诗歌、散文、杂文和翻译的苏俄文学作品。由于秘密工作所限，他用了二十多个笔名，如绿波、青、姜椒山、江鸥、贺青等。他与金剑啸、罗烽、舒群等地下党员互为呼应，与陈凝秋（塞克）、三郎（萧军）、悄吟（萧红）、白朗等进步文学青年关系密切。他们一同给《国际协报》副刊写稿，开展进步的文艺活动。他们成为东北作家群的核心力量，被誉为北满革命文艺的开拓者。

九一八事变后，反帝文化运动此起彼伏，反帝斗争面临的形势也愈加艰险。特殊的斗争时期，姜椿芳也积极开辟新的反帝斗争媒介和形式。1932 年 7 月，姜椿芳和罗烽、舒群、白朗等左翼文人创办了半公开性质的"星星剧团"，舒群还与萧红同台演出过白薇的独幕剧《娘姨》。

1933 年夏，金剑啸、罗烽、姜椿芳等人在伪满"首都""新京"的《大同报》上创办了文艺副刊《夜哨》。刊名为萧红所起，意为黑夜中的岗哨。8 月 6 日，《夜哨》在《大同报》第五版上正式创刊，每周日出刊。到 1933 年 12 月 24 日被迫终刊，共出刊 21 期。

口琴这一小小的乐器也成为抗敌斗争的重要媒介。据姜椿芳的好友、烈士金剑啸的女儿金伦、女婿里栋在接受《黑龙江日报》采访时回忆：

> 　　在那年春季的一天，时任中共满洲省委宣传干事、共青团满洲省委宣传部部长的姜椿芳，在中央大街上一家店铺的橱窗上，看到孔氏洋行招聘口琴教员的广告。他敏锐地意识到：口琴这个新兴的乐器，必将是和敌人斗争的新兴武器，于是马上找到中共地下哈尔滨西区（道里区）区委的宣传委员、著名的革命文艺家金剑啸商量：我们要发挥口琴的作用，团结进步的文化青年，开展左翼文化活动。在哈尔滨邮局工作的常州老乡袁亚成被姜椿芳安排去孔氏洋行应聘。地下共青团员袁亚成曾在上海参加中华口琴会，技艺很好，顺利被洋行录用，并可以自建口琴学校。他把这个情况及时汇报给姜椿芳、金剑啸，组织决定利用这个学校积极开展左翼文化活动。[①]

[①]　王宏波：《哈尔滨口琴社：暗夜中闪光的鸣镝》，《黑龙江日报》2015 年 6 月 11 日第 12 版副刊。

在姜椿芳、金剑啸直接领导下，袁亚成和张金人、侯小古、任震英等地下党团员提出创办"哈尔滨口琴社"。表面这是一所业余的口琴学校，实际是一个新兴的文艺宣传阵地。1935年秋，"哈尔滨口琴社"先后两次应邀到哈尔滨放送局进行现场演播，其间演奏了《沈阳月》等多首进步音乐。《沈阳月》是一首具有特殊意义的口琴曲，它原名《战场月》，由于这个名字太过锋芒毕露，演出时便改为《沈阳月》。它用充满战斗性的曲调再现了九一八事变时日本侵略者偷袭北大营，对我军民进行残酷践踏的情景。这首乐曲，极具震撼，激起东北人民对侵略者的强烈愤恨，借音乐表达出把侵略者赶出家园的共同心声。

口琴社不仅用文艺形式宣传革命，还积极资助左翼文人的革命活动。支持姜椿芳、金剑啸接办《大北新报画刊》便是一个典型的例子。

《大北新报》是日本浪人山本创办的，不受伪满当局警特机关审查，后来有个叫孙惠菊的中国人征得山本同意，在《大北新报》上每周增出一张画刊，即《大北新报画刊》。但《大北新报画刊》创办不久即严重滞销，陷入困顿。《大北新报画刊》画刊部第二任部长李笑梅为摆脱经营窘境，四处延揽人才。趁此时机，擅长绘画的中共地下党员金剑啸经过朋友的介绍，于1934年12月进入《大北新报画刊》画刊部担任主编，为满洲省委开展抗日宣传开拓了新阵地。金剑啸担任主编期间，先后发表了《企望》、《致辞》、《结束吧"文艺"周刊》等一系列短文，号召人们与殖民者斗争到底，引起了报社日本人的猜疑，于1935年4月被辞退。1936年1月，金剑啸从齐齐哈尔重返哈尔滨，听闻《大北新报画刊》经营困难，已经暂时停办，就想着继续把《大北新报画刊》利用起来。

金剑啸苦于经费短缺，姜椿芳便到口琴社寻求帮助。口琴社成员们伸出援手，想办法凑了一袋银元，交给姜椿芳，帮助刊物暂时走出资金困境。《大北新报画刊》主编权被以每月给孙惠菊50元，以其名义继续出版的条件，顺利租下，并很快出版。

1936年4月20日，改版后的《大北新报画刊》重新回到读者面前。画刊封面由金剑啸亲自设计，刊名采用变形美术字体，协调、醒目。形式由原来的一大张4版，改为16开4页或6页一本的活页彩色画报，出刊周期也由原来的一周改为五日。从内容方面看，改版后的《大北新报画刊》摒弃了过去一贯以殖民宣传、休闲娱乐为主要内容的做法，增加了反日新闻和美术作品，内容更加贴近工人和市民群众的生活，利用诗、文、照片、漫画等形式，介绍重大时政事件，隐晦曲折地宣传中国共产党的抗日主张和红军的革命斗争事迹。

6月10日出版的第11期画刊内，嵌入了一则高尔基病危的消息和一张中国留日学生在东京公演高尔基剧作《底层》的剧照。出版后，报社社长、日人山本看到画刊上有一张"外国人的相片"，不认识是什么人，再三追问孙惠菊后，得知是高尔基，不禁暴跳如雷。6月13日午后，日本领事馆派人包围编辑部，金剑啸等人被捕。金剑啸被叛徒认出是在齐齐哈尔编过报纸、演过话剧的那位巴来（笔名），被押往齐齐哈尔，于8月15日英勇就义。

"六一三"事件中，姜椿芳也在路上被捕。当天下午，他身怀画报稿子走出报社送往印刷所，走到中央大街便被两个便衣日本人逮捕，送往南岗车站街（现红军街）日本驻哈尔滨总领事馆特高系的地下室牢房关押，遭到审讯逼供。姜椿芳慎重机智地与敌人周旋，只承认自己是基督徒，是卫斯理教会的秘书，始终没有暴露自己共产党员的身份。姜椿芳能够大段背诵《圣经》教义，而且他的妻子确实是一位基督教牧师的妹妹。敌人根据他的口供去查证，当牧师的妻兄和教会朋友都争相为姜椿芳做无罪证明。

姜椿芳被捕后，父母向邻居们求援。院子里的邻居有苏联人、朝鲜人、波兰人、日本人等，都很同情姜家的遭遇，就联名给日本领事馆写信为姜椿芳作保，同时还有一位住在姜家对门的日本女作家为姜椿芳保释出狱的事情奔走。被关押 35 天后，由于没有查到证据，姜椿芳由同院居民联名保释出狱。组织安排他即刻前往上海。

哈尔滨这座城市对于姜椿芳这位左翼文艺青年具有特殊的意义。如果说，温润的江南水乡常州发轫了他的文学生命，而凛冽的北国冰城哈尔滨则培养了他的政治生命。在这里，一个热爱文艺、积极上进的青年把自己的生命和祖国的命运、革命的进程紧紧联系在一起。

第二章

沪上的暗夜勇者（1936—1949）

一、推广苏联电影

姜椿芳南下入沪，随行的是有孕在身的妻子和年幼的女儿。

1935 年春，姜椿芳经母亲和张海云牧师介绍，与张海云的妹妹、来自上海松江的张安英姑娘结为夫妻。1935 年 12 月圣诞节的第二天，他们的第一个孩子姜妮娜呱呱坠地。

张安英的父亲粗通文墨，哥哥姐姐都毕业于江浙一带颇有名声的松江一中。哥哥均入东吴大学，大哥张海云毕业于东吴大学神学院，在常州、哈尔滨、苏州等地任教堂主持人，传教布道，英语、口才均得教会好评。二哥学经济，毕业后在上海某保险公司做事。

姜椿芳一家于 1936 年 7 月底离开哈尔滨，8 月初抵达上海。在小舅张静峰家暂歇一日后，来到松江岳父家栖身。小住几天后，姜椿芳自己只身到上海找工作。

此时英国人哈同·弗利特在 1936 年 5 月停办哈尔滨的英亚社后，来到上海办快讯社。姜椿芳找到他，他介绍姜椿芳去苏联人主办的《中国导报》工作，未成。姜椿芳遂又找到好友袁励康前妻陈娟的哥哥、苏联粮食出口协会的陈大维，陈大维介绍他去考上海大戏院和亚洲影片公司。

苏联粮食出口协会是亚洲影片公司在中国和亚洲其他国家发行放映苏联影片的代理商。亚洲影片公司则是哈尔滨中东铁路的职员拿了退职金后开办的，靠进口苏联影片播放给消费能力较高且思乡的铁路员工观看起家，在中国及亚洲其他国家发行、放映苏联电影。后来日军占领东北，禁止播放苏联电影，公司只得来到上海开展业务。但在20 世纪 30 年代的上海，规模较大、设备较好的影院大多集中在租界且被美国片商控制，而苏联影片向来被国民党当局视为"赤化宣传"。1932 年 12 月，国民党政府宣布与苏联复交，借此之势，亚洲影片公司终于在虹口租下了位于租界边缘地带的北四川路虹江路口的上海大戏院（这是上海最早由中国人创建的影院），于 1936 年 2 月开始陆续放映苏联影片。4 月，反映苏联国内战争的影片《夏伯阳》上映，在上海引起轰动。9 月 1 日，经过全面装修的上海大戏院设施升级换代，全新开张，成为上海滩放映苏联影片的基地。

姜椿芳就是在这样的时间节点上来到上海大戏院和亚洲影片公司的。

亚洲影片公司和上海大戏院其实是一体两面，前者是苏联影片出口公司对外公开用的名称，后者是主要放映苏联影片的电影院。姜椿芳做的是苏联影片的翻译、发行和宣传工作，从这里成长为苏联电影的推广者。

姜椿芳除了担任苏联人的口译工作之外，还负责翻译苏联影片的说明书（即故事情节及编剧、导演和主要演员的名单等），并把片中的对白译成中文字幕。起初在影片放映时，把字幕用幻灯打在银幕旁的墙上或特制的屏幕上，后来把字幕刻印在影片的拷贝上。他还为影片设计广告，给报纸写宣传稿和影评。

在工作期间，姜椿芳广泛联系文化界人士，邀请他们来观看苏联影片，召开座谈会，举行记者招待会和组织对于苏联影片的评论，以扩大宣传。为了扩大苏联电影的影响，在他的推动下，还成立了研究和宣传苏联电影艺术的"中苏电影工作者协会"。与此同时，姜椿芳一方面要对付国民党的电影审查委员会蛮横无理的干预和阻挠，同他们进行不屈的斗争；另一方面，为了争取更多的苏联影片同观众见面的机会，还要对电影院方面做说服工作。他的工作是十分艰巨的。

二、译著立身

1937 年"七七"事变发生后，全民族的抗日战争开始。在上海"八一三"战事发生前夜，上海大戏院停业，姜椿芳全家也迁入租界避难。这个时候，姜椿芳通过被称为党内"孟尝君"的绍敦机电公司老板蔡叔厚递交材料，请求恢复组织关系。约在 11 月间，党组织派殷扬来找姜椿芳，算是接上了组织关系。殷扬即扬帆，他让姜椿芳参加影评人座谈会，开始做一些工作。

从 1938 年到 1941 年姜椿芳一直处于失业状态，都是靠译稿、写稿维持一家生活的。1941 年底才从时代书报出版社得到工资，直到 1952 年调到北京。

说到译稿维生，在上海期间，姜椿芳除了翻译一些电影作品，更多的译作集中在报刊和戏剧方面——他为报刊翻译各种文章，是"生活之道"，为的是补贴家用；而翻译戏剧则是"正业"，他经常看戏，阅读戏曲相关理论文章，思索如何把台词译得更加上口，以便更好地把先进思想通过戏剧形式展现出来。

1937 年 11 月 12 日，中国军队撤离上海租界周围地区，租界周围陷入日军之手，租界成为"孤岛"。租界上的英美当局宣布严守"中立"，不许中国人在租界报纸上发表中国军队作战的情况，至多只能采用外国电讯的一些报道。针对这种情况，夏衍等人先后创办了《译报》和《每日译报》，约姜椿芳做俄文翻译。

《译报》于 1937 年 12 月 9 日在上海创刊，这份纯翻译性的日报由夏衍主编，稿件全部译自在上海出版的外国报刊，主要由梅益、林淡秋、姜椿芳、胡仲持等提供译稿。《译报》关注时局，报道及时，在上海的销售量曾高达两万份。后因日本侵略者和汉奸的不断骚扰破坏，出至同年 12 月 20 日第十二期被迫停刊。梅益等请示党组织后，决定借用洋商名义继续办报，《译报》更名《每日译报》于 1938 年 1 月 21 日在上海创刊，"发行人"由英商大学图书公司的人挂名，避开了日军的新闻审查。梅益、王任叔、于伶、陈望道等做编辑工作，姜椿芳、林淡秋、胡仲持等参加翻译工作。《每日译报》每天从英俄法日等国的报纸选译内容，着重翻译中国战事的消息，同时也在三四版刊登文艺性的翻译作品——短篇小说、散文、小品、诗歌等。姜椿芳协同于伶和王季愚，负责从俄文报刊上翻译新闻。但《每日译报》仅存世一年多，于 1939 年 5 月 18 日被上海租界当局迫令停刊。

在此阶段，姜椿芳译新闻，也译文艺性和政论性的文章，相较于此前专注于新闻时政类的作品，他又在文艺方面有所涉足和探索。

从 1938 年 2 月 17 日开始，姜椿芳借多个笔名，在《每日译报》发表了不少译自苏联《真理报》的文章。比如，以"之"做笔名，翻译了一系列关于侵华后日本国内状况的文章，揭露了日本的战时经济和对外贸易实际非常糟糕，国内矛盾愈演愈烈，日本侵华代价极大，而中国人民必将取得胜利。3 月，他又以笔名"姜"发表关于美国经济危机的译作《美国经济危机的发展》。

后来，他化名"什"编译了几篇关于中日战争的军事情况的文章，如《第二阶段的中日战争》一文借原文作者之手，表明"侵略者遭受四万万民众的抵抗，日本的拿破仑必致自断其颈项"，《日本军队及侵华战争》一文详细分析了中日的军事力量变化，指出"毋庸疑义，日本侵华战事今后的拖延，对于日本帝国主义必造成严重困难"。同时署名"什"的文章也有不少关于其他国家诸如英法德的战时情况介绍。

1939 年 5 月《每日译报》停刊后，姜椿芳并未就此停下利用译作进行文化抗战的进程。很快，姜椿芳在别的报刊上继续发表来自苏联的译文。为了不暴露身份，他继续不断更换笔名，如化名侯飞、欧之、青等在《大晚报》继续发表来自苏联报刊的抗日文章和时评。

这一阶段，他以林陵、什之等笔名，利用业余时间翻译和发表了不少苏联文艺作品及文章。

早在 1937 年，即抗日战争前夕，椿芳同志到上海不久，就翻译了苏联左琴科的剧本《结婚》(发表于《光明》半月刊 3 卷 2 期)。这大约是他翻译的第一个剧本。由此一发而不可收，到 1949 年建国前，他在从事新闻出版工作的同时，一共翻译了俄苏独幕剧和多幕剧 20 多种。抗战期间几乎演遍全国的苏联雅鲁纳尔的独幕剧名著《少女的心》《破旧的别墅》等，就是椿芳同志 40 年代初的译作。古典作品如普希金的《鲍里斯·戈都诺夫》、果戈里的《赌棍》、奥斯特洛夫斯基的《智者千虑必有一失》、高尔基的《小市民》等，表现苏联卫国战争和战后世界的名著如柯尔纳楚克的《战线》(即《前线》)、里昂诺夫的《侵略》、西蒙诺夫的《俄罗斯问题》等，无论在向中国人民介绍世界名剧方面还是在激励中国人民抗战热情方面都产生了深远的影响。建国后他在繁忙公事之余还翻译了高尔基和奥斯特洛夫斯基的名剧各三种。①

上述戏剧作品之外，姜椿芳还翻译了一部分电影脚本和分幕说明，比如刊于 1939 年 12 月 12 日《大晚报》上的《高尔基童年——电影脚本的片段》。

他的翻译作品还有一部分是书籍著作，如伊林的《人怎样变成巨人》、韦尔霍格拉德斯基的《上海——罪恶的都市》、苏联少数民族短篇小说集《有钱的"同志"》等。另外，1938—1939 年间他为李伯龙主编的《剧场艺术》翻译戏剧论著，如斯坦尼斯拉夫斯基的《演员自

---

① 刘厚生：《难忘的老姜、姜老》，载姜椿芳《怀念集》，奥林匹克出版社 1997 年版，第 13—14 页。

我修养》、《我的艺术生活》，丹青果（丹钦科）的《往事点滴》（外章连载），但是这三部书都没有译完。至于零零星星的论戏剧的短文，那就更多了。

此外，1947—1948 年，姜椿芳参加了戈宝权、罗果夫合编的两本《高尔基研究年刊》的编译工作，并以时代书报出版社名义出版。1948 年又以林陵的笔名，与戈宝权共同主持了《奥斯特洛夫斯基研究》的翻译、编辑工作。这两部大型专集，选优汇总了与高尔基、奥斯特洛夫斯基研究相关的论文、资料及图片等，使读者得以完整地把握研究概貌，并且分门别类，检索方便，深受文艺界和广大读者的重视和欢迎。

总之，姜椿芳在上海沦陷时期和解放战争时期，翻译了大量的反法西斯文学作品，体裁涵括诗歌、小说、戏剧、歌词等，在时代书报出版社的各期刊和单行本上广为译介，成为反法西斯文学翻译和中国抗战文化的重要组成部分，极大地鼓舞了中国军民抗战，对后世的文学翻译与创作都产生了深远的影响。

以其翻译的苏联剧作为例。1943 年 4 月 3 日，《时代》第 13 期（总第 69 期）介绍了苏联剧作家柯尔纳楚克（今译柯涅楚克）的三幕剧作《战线》（今译《前线》）："柯尔纳楚克的《战线》和西蒙诺夫的《俄罗斯人》这二本曾获史大林奖金的剧本是苏联流行最盛的。"这是国内对《战线》最早的介绍文字。《战线》剧本在国统区、沦陷区和解放区都有译本。1944 年 2 月《苏联文艺》刊载姜椿芳翻译的《战线》，比解放区的出版要早三个月。1945 年，姜椿芳翻译的《战线》由上海时代书报出版社出版，1954 年再版。另外，1943 年 3 月《苏联文艺》第 4 期刊载了姜椿芳翻译的查斯拉夫斯基的评论《对敌憎恨是怎样产生的——论莱翁诺夫的剧本〈侵略〉》。1943 年 9 月,《苏联文艺》第 7 期刊载了姜椿芳翻译的列昂诺夫的《侵略》,1945 年该剧本由上海时代书报出版社出版。姜椿芳翻译的《侵略》是该剧本在中国最早的译本。

姜椿芳的译作,用了很多笔名刊登发表,有些连他自己都记不清了。对于为何有着如此多的自己都记不清的译名,姜椿芳感慨地说:

> 不出名是我能够在敌后坚持斗争,得以生存的重要原因,解放前我没有用过自己的名字,在哈尔滨有哈尔滨的名字,在上海有上海的名字;写文章的笔名有上百个……
>
> 抗战初期,曾经在上海战斗过的夏衍等人都暴露了,只好离开。上海租界沦陷以后,梅益、于伶也待不住了;抗战胜利后又一些人要出走;我还是隐姓埋名;一直斗争到解放前夕。在渡江战役前两天才离开上海去香港。①

研究者朱佳宁依据上海时代书报出版社的出版物,结合作家文集、回忆录、著译年表等史料,考辨了一批《苏联文艺》主要译者的笔名,同时整理了该刊物其他译者的笔名信息与线索。据其《〈苏联文艺〉译者笔名考述》一文统计,37 期刊物中共出现了 100 多个笔名。对《苏联文艺》中译者笔名的考辨存在三方面困难。首先,笔名数量太大,且部分笔名的署用是随机的,有很大偶然性,甚至连当事人自己都无从分辨。其次,《苏联文艺》译者群体关于笔名的回忆文字很

---

① 邹士方:《非凡的文化战士——追记已故全国政协文化组组长姜椿芳》,《民主》1990 年第 3 期。

少，目前只有姜椿芳《〈苏联文艺〉的始末》（《苏联文学》1980年第2期）一文有较为详细的叙述。但姜椿芳写作此文时已时隔三十多年，他的回忆文字中也存在不可靠性。再次，借助现有的笔名工具书和研究成果很难还原译者的笔名情况。

值得庆幸的是，时代出版社在40年代出版《苏联文艺》的同时，常常将杂志上刊载的同类译文结集出版，篇幅较长的小说或戏剧类作品则出版单行本。而在后期出版作品集或单行本时，译者署名往往更改为常用笔名。这一现象为我们考辨译者笔名提供了可能性和突破口。……

1941年，姜椿芳进入苏商时代出版社工作，这一时期他的主要力量放在翻译文艺理论、小说和诗歌方面。由于共产党地下党员的身份，姜椿芳在三四十年代发表译文时多署笔名。姜椿芳的笔名数量极多，部分有迹可循，部分是随机命名，恐已难考辨。

经笔者查证，《苏联文艺》一刊出现的笔名，确定为姜椿芳笔名的有：林陵、陵、令、苓、羚、灵、菱、凌、零、伶、玲、临、邻、麟、怜、凌温层、钮麻、文记、掌鞅、嘉喜善、克鲁、伍仑、遇通、遇平、雪卿、沃淛文、仇希、修士、卓贲和卓飞。

"林陵"是姜椿芳的常用笔名，"陵、苓、羚、灵、菱、凌、零、伶、玲、临、邻、麟、怜、令"等单字及"凌温层"，都是由"林陵"一名演化而来。这一组笔名主要用于翻译诗歌，少数用于翻译小说或翻译评论。这些译诗，除《梦》（第1期）、《最好的诗》（第 6 期）、《仙鸟》（第 6 期）和《响吧，礼炮！》（第 13 期）四首外，其余均收入《苏联卫国战争诗选》（时代出版社 1946 年版）一书中，译者统一署名"林陵"。

除诗歌和小说外，姜椿芳翻译较多的还有电影和戏剧的剧本或评论性文章。这应与他三四十年代在亚洲影片公司工作和为《译报》等刊翻译戏剧类作品的经历相关。经笔者考证，姜椿芳在翻译戏剧、电影类作品时，使用过的笔名包括：雪卿、仇希、卓费、卓飞、钮麻、遇通、遇平。其中，"雪卿"和"仇希"主要用于翻译剧本，其他笔名则主要用于介绍性或评论性文章中。

原刊署名"雪卿"的译剧《索莫夫及其他》（第 4 期）和原刊署名"仇希"的剧本《侵略》《战线》，分别于 1948 年、1945 年和 1946 年出版单行本，三部作品都由时代书报出版社出版，译者署名均为"林陵"。"钮麻""遇平""卓费"是姜椿芳在《〈苏联文艺〉的始末》一文中提到的自己使用过的笔名。虽然写作此文已是三十多年以后，加之"所用的笔名太多，以致现在重新翻阅过去的《苏联文艺》，连本人也弄不清楚究竟哪些是自己采用过的笔名了"，但经笔者查证，这三个笔名当是姜椿芳笔名无疑。一是因为，以这三个笔名发表的译文都是姜椿芳所擅长的戏剧、电影领域的文章。二是，"钮麻"的"麻"字带有"林"，很可能是"林陵"的一种变换方式；"遇平"与"遇通"亦有文字关联；而"卓费"则与姜椿芳 30 年代末使用过的"费明"有关联。且署名"遇平"的《对敌憎恨是怎样产生的》（第 4 期）和《奥斯特洛夫斯基》（第 5 期）等已被收入《姜椿芳文集》（第 5 卷）中。

另外，"卓飞"与"卓费"谐音，应当为姜椿芳笔名。①

特别值得一提的是，一些凝聚着姜椿芳的心血和付出的译著面世后并没有留下他的名字，但是他却毫不在意这些，一心只求"把好的作品准确地传达给读者"。温崇实（《文汇报》原党组成员，上海社会科学院社会科学杂志社编委会原副主任、编审）后来在纪念姜椿芳逝世20周年的文章中，将这种奉献精神专门著文概括为"没有其他"。1936年11—12月，姜椿芳和王季愚最早合译奥斯特洛夫斯基的《钢铁是怎样炼成的》这本苏联名著。由于工作繁忙，翻译进度较慢。到了1938年春，八路军上海办事处负责人刘少文交给了梅益这部小说的英译本，要他作为党交办的一项任务赶快翻译出来。

当时胡愈之、楼适夷、唐守愚等许多同志觉得最好还是由姜老把这本书按俄文本逐句校译，会更完整。姜老与王季愚同志为此毅然停止了最早的合译工作，集中精力协助梅益同志，就像有的回忆姜老文章中所说的："后来，姜椿芳为梅益从英文翻译的《钢铁是怎样炼成的》进行了审校。"此事"业内"一时传为美谈。但该书1942年由上海新知书店出版后，有人发现无论"前言"或"后记"都没提到姜老。我偶然和姜老谈及此事，他淡淡一笑说："我们干革命，就是为了把好作品准确地转达给读者，没有其他。"②

① 朱佳宁：《〈苏联文艺〉译者笔名考述》，《中国现代文学研究丛刊》2016年第9期。
② 温崇实：《"没有其他"——思念姜椿芳同志》，载姚以恩、姜妮娜、姜抗生编《姜椿芳纪念文集》，中国大百科全书出版社2008年版，第167页。

三、"搞文化工作很在行"

1937 年 11 月初，中共江苏省委在上海正式成立。当时江苏省委的工作重点在上海，同时领导江苏、浙江两省沪宁、沪杭铁路沿线的重要城市的地下工作。为了领导上海的文化工作，省委专门设立了文化界运动委员会（简称文委），姜椿芳是文委成员。

因工作关系，姜椿芳结识了不少电影、戏剧、音乐界的名流。和他们交往，既探讨了文化艺术，也做了统战工作。

戏剧界方面，他和夏衍有十分密切的往来。夏衍既是他的领导又是他的朋友，早在加入夏衍主编的《译报》前，他们的缘分就已经开始。姜椿芳曾被夏衍所译的高尔基的《母亲》深深吸引，也就是那时，译者"夏衍"的名字留在他的脑海中。夏衍和姜椿芳都关注进步电影的情况。在一次会面时，夏衍提议："……于是我们就和洪深、田汉、阳翰笙商量，想出了一些为进步电影奠定基础的方案。这就是：一、通过当时在报刊上已有的戏剧评论队伍，把重点逐渐转到电影批评，批判反动的外国电影和宣传封建礼教、黄色低级的国产电影，为进步电影鸣锣开道；二、把当时在话剧界已经初露头角的、有进步思想的导演、演员，通过不同的渠道，输送进电影界去，培养新人，扩大阵地；三、翻译和介绍外国（在当时，主要是苏联）进步电影理论和电影文学剧本，来提高我们的思想艺术水平。时隔半个世纪，现在回想起来，这几项工作中做得最成功的是影评工作。"[①]

---

① 夏衍：《懒寻旧梦录（增订本）》，生活·读书·新知三联书店 2000 年版，第 156 页。

姜椿芳采纳了夏衍的建议。他更加积极地奔走，全力主持筹备成立中苏电影戏剧工作者协会。后来，因为已有中苏文化协会的电影组，没有批准成立，但由于姜椿芳联络到许多著名人士为协会签名，最终在 1937 年由陈鹤琴出面，在上海邀请电影界欧阳予倩等人吃饭，宣布不另外成立协会，活动可在中苏文化协会所设电影戏剧组中进行。

通过电影，姜椿芳和鲁迅先生也有过交流。鲁迅的业余爱好是看电影，他曾在给友人的信中说："我的娱乐只是看电影，而可惜很少有好的。"他生前最后观看的一部苏联影片就获得了他的称赞，而这部电影恰好由姜椿芳向其进行了简短的背景介绍。1936 年 10 月 10 日，已在病中的鲁迅偕全家来上海大戏院观看根据普希金的同名小说改编的故事片《杜勃洛夫斯基》，当时中译名是《复仇艳遇》。电影放映前有人把姜椿芳介绍给鲁迅，姜指着为这次放映而出版的纪念普希金逝世 100 周年的纪念册说，有关普希金生平和作品的叙述，都是根据鲁迅先生所主编的《译文》月刊的资料辑成的，并且告诉他，这部影片的翻译名称，国民党政府电影检查会一再挑剔，最终改成了现在的样子。鲁迅先生带着愤慨的口气说，检查官就是要把作品的题目改得人们不知道究竟是什么作品。观影后，鲁迅认为这是部不可不看的好片子。鲁迅在给友人的信件中这样记录："今日往上海大戏院观普式庚之 Duhrovosky（华名《复仇艳遇》，闻系检查官所改）……"这里的"闻系检查官所改"就是指会面时姜椿芳对影片名字由来的介绍。

这里非常值得一提的还有姜椿芳与俄罗斯犹太作曲家阿隆·阿甫夏洛穆夫的友谊。阿甫夏洛穆夫生长在庙街，即俄罗斯的尼古拉耶夫斯克。这里原是中国领土，因此他自小就深受中国文化濡染。1916年，阿甫夏洛穆夫来到中国，利用在洋行工作的机会收集民歌、民乐，为创作具有中国特色的乐曲积累素材。

1932年，定居上海的阿甫夏洛穆夫担任百代唱片公司乐队指挥。工作内外，他结识了不少音乐名人，如《渔光曲》作者任光，以及聂耳、冼星海、贺绿汀、吕骥等。聂耳为电影《风云儿女》作曲的主题歌（后来的《义勇军进行曲》），就是贺绿汀找阿甫夏洛穆夫配的乐队伴奏。阿甫夏洛穆夫的舞剧《香篆梦》（后改名《古刹惊梦》）于1941年和1943年两度演出时，梅兰芳还先后到场亲自指点排练和观看演出，并为说明书题词。姜椿芳作为当时中共地下党在上海文化界的负责人之一，在解决该剧上演的经费、演员、排练场所的问题上，牵线搭桥，及时解决困难。

阿甫夏洛穆夫的重要作品是舞剧《孟姜女》。这部作品从创作、排练到演出，都倾注了姜椿芳的无数心力。比如，姜椿芳化名贺一青，负责编剧，还专门为此成立了中国歌舞剧社，帮助阿甫夏洛穆夫排练《孟姜女》。这个剧社由他的好友、党外进步人士袁励康和当时也在上海做地下工作的江闻道任正副社长，实际上真正的组织者和领导者就是姜椿芳自己。为了筹措经费，除了袁励康找银行、钱庄及亲友等设法借贷外，梅益还从地下党的经费中拿出了一根金条。

1945年11月24日，即日本投降后的第三个月，《孟姜女》全剧在兰心大戏院彩排，次日举行招待演出，接着又连续演出了8天10场，并通过电台进行传播。

姜椿芳当时是苏商《时代日报》主持者，利用工作方便，在该报上为《孟姜女》发布消息和免费刊登广告。音乐、戏剧、电影、文学、新闻界等人士观看彩排后给予高度评价，并在 1945 年 11 月 25 日的《大公报》上联名撰文推荐——署名的有梅兰芳、周信芳、夏衍、于伶、沈知白、王元化、费穆、佐临、傅雷、柯灵等三十余位文化界名人。

《孟姜女》一炮打响后演出不断，成为抗战胜利后一段时期内的文化盛事。这样的成果与姜椿芳的努力密不可分。当遇到国民党特务寻衅滋事时，剧社社长袁励康向宋庆龄陈述面临的困难，宋庆龄以邀请宋美龄、孔祥熙及各国使节观剧的方式，为他们解了围。演出持续期间，姜椿芳组织招待会、游园茶会等，招待各界名流，不断推动演出热度。

后来，阿甫夏洛穆夫被《中国大百科全书·音乐舞蹈》卷列为专条。姜椿芳写了十多篇文章，怀念和介绍阿隆·阿甫夏洛穆夫在创作中国音乐舞剧方面的成就。

姜椿芳与赵朴初有着五十余年的深厚友谊。抗日战争初期，从事慈善事业和佛教研究的赵朴初一次到上海难民所开展工作，认识了姜椿芳，从此他们成了最亲密的朋友和战友。

赵朴初经常帮助中共地下党在一些寺庙举行秘密会议。姜椿芳是当时上海地下党包括文学、戏剧、新文字三个支部在内的文化总支部书记，后又任党的文委书记，是上海革命文化运动的秘密领导者之一，参加此类会议自然较多，与赵朴初接触更多。许多年以后，姜椿芳对家人说："那时在上海，地下党经常在赵朴初的帮助下到寺庙开会，所以现在闭上眼都能走到一些寺庙哪个角落。"赵朴初也曾多次对姜椿芳的女婿纪恒俊说："你岳父在上海，看上去文质彬彬，话不多，但因懂俄文和肚子里东西多，讲世界反法西斯形势和革命理论数他最好，搞文化工作很在行。"①

　　1987年姜椿芳与世长辞后，赵朴初亲笔写下挽联："魔氛谷里，捷报遥闻，最难忘万暗孤灯时代传声手；文化园中，灵苗广种，不独是百科全书事业奠基人。"这就是姜椿芳被喻作"文化灵苗育种人"的由来。

　　"搞文化工作很在行"的姜椿芳，还是上海"小剧场"活动的领导者。当时上海的话剧界分为专业话剧活动和业余话剧活动。群众业余戏剧演出活动蓬勃开展，被称为"小剧场"，职业演出被称为"大剧场"。专业话剧活动方面主要由著名剧作家、导演、演员于伶领导，业余话剧活动方面，则先后由扬帆和姜椿芳领导。

　　1938年4月，与姜椿芳单线联系的上海地下党戏剧支部第一任书记扬帆找到姜椿芳，传达了党组织的指示，因扬帆去皖南新四军工作，由姜椿芳接任戏剧支部书记。

　　　　椿芳同志则自1938年起即受组织之命继扬帆同志之后，和王元化等同志负责业余活动即小剧场运动，他们广泛联系群众，推动组织业余剧社。这类剧社大都属于某一行业或某一单位，分散而不稳定。参加者热情很高但流动性大，艺术经验不足。椿芳同志等为了推动这类剧社积极演出，协调关系，提高水平和加强团结，建立了一个具有领导性能又是开展业余活动的联合机构"业余戏剧交谊社"。参加交谊社的业余剧社最多时达到120个左右，可见他们工作的成效，组织起来就成为力量。依靠这些剧社

　　① 殷实：《赵朴初的元旦：试笔》，《人民政协报》2015年12月31日。

在各种场合用各种方式（如星期小剧场、早场等）演出了许许多多鼓舞抗战和进步的独幕剧，为苦闷焦渴的上海人民提供了优秀的精神食粮。这个小剧场运动和专业戏剧运动构成了上海当时戏剧战线的两翼，极具特色，在戏剧史上占有重要的地位。

椿芳同志自己没有写过剧本，没有导过戏，也没有做过演员，但他却同戏剧界（无论是话剧还是戏曲）有着相当广泛而深入的联系。作为突出的例证，是他同梅兰芳、周信芳两位京剧大师的关系。……这是椿芳同志作为一个光彩的戏剧战士的生涯中，持续时间很长、影响很深远、意义重大的一个方面。①

那时，颇负盛名的梅兰芳、周信芳都居住在上海。梅兰芳怕被敌伪缠扰，蓄须明志，杜门谢客，被誉为"爱国艺人"。周信芳则继续出场"以戏明志"，戏的内容多彰显激烈的爱国情怀，比如《明末遗恨》。他还准备演出两本新编的戏《史可法》和《文天祥》，因受到当局种种阻难，一时不能上演。他不畏敌伪的明禁暗害，毅然将"下期演出《文天祥》《史可法》"两条醒目的标语竖立于舞台两侧，一直到1942年移风剧社被迫解散，这两幅预告足足挂了四年之久。

中共上海地下党文委计划要和群众中有广泛良好影响的这两位艺术家联系，支持和帮助他们更好地发挥自己的作用。姜椿芳根据这一指导思想，在1939年开始了联络他们的工作。

给姜椿芳和梅兰芳相识牵线的是阿甫夏洛穆夫。在梅家的会客厅里，他们围坐在玻璃板下压有几只蝴蝶的茶几周围，寒暄之后，姜

---

① 刘厚生：《难忘的老姜、姜老》，载姜椿芳《怀念集》，奥林匹克出版社1997年版，第14—15页。

椿芳称赞了梅兰芳对唱腔的改革，又谈了对京剧音乐的观感，认为若能将民族民间丰富多彩的旋律融合到京剧音乐中，可以使京剧更加完美。姜椿芳还建议梅兰芳用国际通用的管弦乐队和民族乐器结合为京剧伴奏，希望组织一批有志于此的年轻演员做些试验等。梅兰芳认真听罢，非常欣赏姜椿芳的这些想法。自此，他们便成了很好的朋友。

而姜椿芳与周信芳的交往，则始于 1940 年。姜椿芳的父母有位好友叫尤金桂（后改名尤金圭），这位同乡长辈于 1940 年前后被邀请到周信芳的身边做编剧。为了能更好地和周信芳沟通，姜椿芳先是去看周的演出，如《明末遗恨》、《斩经堂》等，并开始常常请教尤金圭，熟悉京剧的特点。尤金圭便把姜椿芳介绍给了周信芳，不时一起讨论京剧的改革问题。

1941 年夏初，姜椿芳约请尤金圭，通过赵朴初借到佛教团体觉园的一个小客厅，每天碰头编写《史可法》的剧本。这是姜椿芳第一次写京剧，为写好《史可法》他收集了很多史料，尤其是南明史方面的资料。遗憾的是，剧本尚未完成，姜椿芳又接到党组织交办的新任务，剧本的合作暂时中断，他只好将《史可法》的剧情和分幕分场提纲交给了周信芳。

此后，姜椿芳又送给周信芳《荆轲刺秦王》等戏的提纲。他们一起商量剧本，谈论时事。虽然由于种种原因，这部戏没有能编写出来，但通过交谈，两人之间日益了解。

姜椿芳虽然没有暴露真实身份，但是周信芳从他的举止谈吐中，几乎肯定他是一位"左派人士"，他从姜椿芳那里感受到党和左翼艺术工作者对他的重视和关心。

1949 年 4 月 18 日，党组织通知姜椿芳，根据情报，敌人将下毒手，要他赶快离开上海。那天，姜椿芳匆匆向周信芳告别。周信芳表示可以在自己家中掩护他，考虑到周家安危，姜椿芳谢绝了他的好意。

1949年5月26日，姜椿芳返回上海，第二天就去探望了周信芳，转达了第一次文代会筹委会请梅、周二人到北京参加第一次文代会的邀请。周信芳欣然接受，并高兴地对姜椿芳说："这就不用你去了，我去和兰芳说。"[①] 当天，周信芳就去找了梅兰芳，梅也立即表示愿意同去北京。但启程前，梅、周二人对夏衍表示，非常希望姜椿芳和他们一起去。原来，他们没有参加过共产党文艺工作领导者召开的这种会议，希望姜椿芳一起去可以有所协助。由此可见梅、周两人对姜椿芳人格和工作方式的充分信赖。

"三芳结谊"，不仅仅是三位文艺工作者的简单相会和文化改良，更是特殊时期爱国左翼战士的精神默契，更是党的地下工作者领导和维系统一战线的精彩一笔。

到了20世纪80年代，由于姜椿芳长期对戏剧的关心热爱和熟悉，《中国大百科全书》第一版的《戏曲曲艺》卷、《戏剧》卷，似乎得到他更多的偏爱，这两卷，"三芳"的子女们家家都有。

四、《时代》周刊和时代书报出版社

在党组织的领导下，姜椿芳为首创办了专门出版苏俄方面书报

---

① 姜椿芳:《我和梅兰芳、周信芳的交往》,《上海文史资料选辑》第48辑。

刊的小型出版机构——时代书报出版社（以下简称时代社或时代出版社），于 1941—1957 年存世。最初的筹划人只有姜椿芳一人，出版物仅《时代》周刊，在苏联塔斯社支持下时代社不断壮大，发展成具有相当编译力量，图书、期刊、报纸全面开花，并拥有自己印刷厂、装订厂、门市部、发行网的出版社，在 20 世纪 40 年代尤其是黎明前的黑暗时期发挥了重要的战斗堡垒作用。

时代社的成立，确实与苏联塔斯社的大力支持密不可分。1941 年 6 月间，德国进攻苏联后，日、德两国遥相呼应，上海成为远东最大的"宣传战"中心。这时，党在上海租界内以英商名义出版的《译报》《导报》等，因英国发行人被日伪收买被迫停刊，上海租界上没有共产党的报刊，只有日本人办的中文报纸。上海地下党主要负责人唐守愚奉上级指示，派姜椿芳向苏联塔斯社远东分社社长罗果夫求助。姜椿芳当时并不认识罗果夫，还是通过在哈同·弗利特的外文书店认识的苏联人克鲁格尔斯的关系，联系到了罗果夫。

7 月初，姜椿芳来到位于外滩 26 号的塔斯社办公处，与罗果夫商量，请他找一位苏联侨民出面，在租界出版一份中文日报，经费、编辑、印刷和发行都由我党负责，只需要苏联人出面到租界工部局登记领许可证。

此时因为战争关系，苏联人在租界的活动也受到很大限制。几经协商，罗果夫认为出版报纸有困难，而 1941 年 3 月由苏联籍犹太商人匝开莫创办的俄文《时代》周刊已出版了一段时间，用其名称办周刊看起来是俄文杂志《时代》的中文版，便于登记。所以可先让匝开莫出面做发行人，经费也不要由我党负担，只要我们派人去负责编辑、翻译就好了。

当时懂俄文的人很少，所以姜椿芳又担负起寻找和发展俄语翻译人才的任务。他首先找到了陈冰夷和陈君实（笔名"梦海"）两人协助工作，后来这两位同志在他的带领下成为俄罗斯文学翻译家，都有译作传世。如陈冰夷译有《俄罗斯人》、普希金的小说《暴风雪》等，陈君实译有《克雷洛夫寓言》、《普希金童话诗》、《盖达尔中篇小说》、《华西里·焦尔金》、《列宁》、儿童剧剧本《雾海孤帆》等。

在三人的努力下，两周后，即 1941 年 8 月 20 日，10 开本的《时代》周刊创刊（当年 12 月更换印厂后改为 16 开）。周刊一上市便引起强烈反响，销量可观。《时代》周刊是第一份以"苏商"名义出版的中文刊物，在上海引起了轰动。从此，"布尔什维克党"、"社会主义"、"列宁"、"工农苏维埃政权"等字样便公开地呈现在广大中国读者面前。《时代》周刊的内容主要是反映苏联卫国战争的情况，它向坚持抗战的中国人民介绍苏联人民和苏联红军正在进行的艰苦卓绝的战斗，传达他们那种"法西斯主义将被我们消灭，红光将照耀解放的世界"的必胜信念。

不久，姜椿芳又转换编辑方针，开始向国内先进分子组稿发表在周刊上，最早的作者是阿英，后来有郭沫若等人。到了 1942 年，随着反法西斯战争形势的推进，《时代》周刊开始大量发表国际会议公报和宣传统一战线方针，为中国读者敞开了一扇观察战争进程的窗户，很受读者欢迎，也为已经沦陷的上海带来了清新的空气。

据姜椿芳回忆，在《时代》周刊创刊之前的 1941 年 7 月 3 日，斯大林发表广播演说，是苏联卫国战争总方针的宣言。这一重要演说没能赶上在《时代》周刊创刊号上发表，罗果夫就与姜椿芳商议，将其印一个单页，夹在杂志里发出去。《时代》周刊创刊号发行后，这种方式得到认可，罗果夫觉得此举很成功，扩大了宣传，所以接下来《时代》周刊又采取了同样的方式，夹在杂志里发行了两个小册子：一个叫《三演词》，收录了斯大林的三篇演讲；一个叫《二命令》，是苏联收复一些失地后斯大林下达的表扬红军的命令。

姜椿芳与罗果夫两人商量，把《时代》周刊办成一家出版社，既出杂志也出版图书。这两本小册子是个试探，也是办成时代社的萌芽。到了1942年8月《时代》周刊创刊一周年时，又出版了《苏维埃人民卫国战争画册》。这一年还出版了《斯大林言论集》，收录了《三演词》、《二命令》及其他命令、讲演、记者访谈等。姜椿芳还请了位画家绘制了彩色斯大林元帅像，以中、俄、英文分别出版。

1942年9月1日，姜椿芳等人向上海汪伪市政府正式登记，成立"苏商时代书报出版社"。据姜椿芳回忆，当时社里有些同志对名称中含有"书报"两个字颇有异议，认为降低了出版社的身价。姜椿芳解释说，原本想出报纸，报纸没出成出了份杂志，现在搞家出版社，让它有权出书出报纸，才有了这个名字。在日寇占领时期，由于苏联和日本之间保持着中立关系，因此挂着"苏商"牌子的时代社能在上海继续生存下去。

此时，除了中文版《时代》周刊，时代社还出版有俄文《时代》周刊（1941年3月创刊）、俄文《今日》周刊（1941年5月创刊）、英文版《每日新闻》（1941年8月创刊）。

1942年11月，就在苏联十月革命胜利25周年的那一天，编辑部又增出了《苏联文艺》月刊。《苏联文艺》主要发表卫国战争时期苏联的最新作品，以文学的方式传播抗击法西斯者的优秀事迹，受到了饱受日军侵略的中国读者的欢迎。篇头和篇末（补白）的头花和尾花，都用苏联报刊上常用的图案花式，大多是镰刀、斧子和五角星的变化图案，用这种图案在中国属于首创。当时，青年学生和文化界人士都视阅读苏联文学作品为进步标志。

1941年12月太平洋战争爆发后，日军悍然进驻上海公共租界，上海由"孤岛"转为沦陷区，原租界内所有悬挂洋商旗帜的中文报刊均被勒令停刊，其中就包括《时代》周刊。为避免停刊所带来的各方面的损失，党组织通过苏联方面，在苏联与日本曾签订过中立条约的背景下与日本当局斡旋，使得《时代》周刊在停刊三周后又复刊了。复刊后改为半月刊。为起到掩护作用，罗果夫让姜椿芳作为塔斯社工作人员，每天去塔斯社办公，实际上还是做《时代》周刊的编辑工作。

1943年春，敌伪当局借口外国人不能在中国出版中文刊物，对苏联可以特殊，却要在出版前把中文稿送警察局检查后才可，因此常出现重要稿件被枪毙的情况。姜椿芳与苏联人商讨说，即使在这种情况下仍要坚持下去，因为中国读者在东南沦陷区只有这唯一的一份公开出版的反映共产党观点的中文刊物了。于是，他依旧冒着生命危险，在极其艰苦的情况下维持这一刊物。

在姜椿芳的努力和坚持下，《时代》周刊大量报道苏德战争情况，及时传播反法西斯阵营的正义声音，对当时正在浴血抗战的中国人民起了鼓舞作用。

1941年姜椿芳家中已经有八口人，住房拥挤，姜椿芳无法在家工作，总是早出晚归。为了省钱，多远的路他都是徒步往返。生活如此贫困，姜椿芳仍日夜操劳，不但要冒着生命危险为党、为革命工作，还要拼命挣钱养家，身体一直很羸弱。一天清晨，姜椿芳因睡眠不够，打哈欠的时候颌骨脱臼，闭不上嘴了，全家都很惊慌。随后，长子姜抗生在梦中被叫醒，爬起来一溜烟跑到街对面的理发店叫门，姜椿芳夫妇随之跟来。不一会儿，理发师被叫了起来，给他托上了下巴。从此，姜椿芳打哈欠或是张大嘴，总要小心翼翼，并用两手托着双颊，以防颌骨脱臼。时代社一起工作过的同事都知道，社长为此饱受煎熬，但因为忙，仍是不肯去看病。直到解放后很久，他仍有习惯性的颌骨脱臼，子女们看到他两手托着双颊时总是会提心吊胆。[①]

时代社出版的许多进步书刊，特别是苏联革命文学著作，对国统区青年发生了广泛而深刻的影响。日伪当局对这些出版物又恨又怕，于是便使用种种卑鄙手段加以钳制，采取各种手段对时代出版社的工作人员进行迫害、盯梢、秘密逮捕。

姜椿芳时刻面临着危险，但他从容冷静地周旋。姜椿芳在这一时期开展的工作是多方面的，但主要精力还是放在《时代》周刊上。日伪当局千方百计想要扼杀《时代》周刊，封锁反法西斯战争的消息，遂动辄对时代社的出版物提出无理要求，还常找《时代》周刊负责人训话。《时代》周刊是借用苏商名义出版的，发行人也用苏商匣开莫的名字，其实真正策划和主编都是姜椿芳，日伪当局找人谈话，就由匣开莫和姜椿芳两人一起参加。谈话时，先由匣开莫发言，然后由姜椿芳"翻译"。匣开莫装作发表自己的意见，姜椿芳装作替他"翻译"，其实真正的意思都是姜椿芳定的。日伪当局也知道姜椿芳在周刊乃至出版社中的作用，但碍于当时日本有求于苏联，不得不与苏联维持着"友好"的关系，因此不能不有所顺忌。

1943年底到1944年初，日伪当局要求审查时代社的稿子。《时

---

① 谭琦：《姜椿芳校长传》，上海外语教育出版社 2019 年版，第 103 页。

代》、《苏联文艺》排好了的校样都要送审，由匝开莫的夫人娜佳送到警察厅去审查。最终日伪当局还是以外国人不得在华出版中文刊物为由，于1944年2月正式查封了《时代》周刊与《苏联文艺》月刊。据统计，《时代》周刊在上海沦陷时期共刊发了113期。1945年4月苏联红军攻克柏林后，姜椿芳等勇敢地冲破日伪禁令，复刊了中文版《时代》。不久，终于迎来了中国人民抗日战争胜利的一天。

1944年《时代》周刊停刊后，姜椿芳感到留在上海的意义已经不大，曾向组织提出调到解放区去工作，准备经浦东转往苏北。但苏联方面不同意，因为姜椿芳主持时代社的经营和编辑工作，发挥着核心作用，他一旦离开，必然会造成人心涣散，苏联方面好不容易营造的局面将流失。于是经组织同意，姜椿芳继续留在时代社主持工作。

1944年冬天，约在11月、12月间，有日本宪兵来姜椿芳家找他，要跟他"交朋友"。自此，即使姜椿芳想要离开上海也不可能了。此人是日本宪兵驻沪总队的一个军曹，姓中谷，身着便衣来找姜椿芳，说要和他做朋友，了解他在时代社的工作情况，打听苏联人在上海有几部电台。中谷用俄语和姜椿芳谈话，还嘱咐姜椿芳不要把他来访的事情告诉苏联人。

姜椿芳拿着中谷给他的名片，交给塔斯社社长施维卓夫，并把中谷的全部谈话内容告诉施维卓夫。施维卓夫说，我们没有任何秘密，凡是你所知道的事情，他要了解都可以告诉他。

自此，中谷每隔一两天就来找姜椿芳一次，不是清晨在姜椿芳尚未起床之时，就是深夜当姜椿芳已睡之时，有时还在姜椿芳吃饭时找来。有一次，中谷还把姜家全家的人都拍了照。关于他的来访和所谈的情况，姜椿芳时常向施维卓夫汇报，并讲给时代社的同事陈冰夷、叶水夫和马骏等人听。他谈的时候镇定自若，好像是在讲一个传奇故事。但大家都明白，姜椿芳是要他们在思想上有所准备。不久，姜椿芳就对他们说，如果局势进一步恶化，大家要随时做好一起转移到苏北新四军根据地的准备。

中谷曾给姜椿芳送来过一瓶食油、几棵白菜和一些土豆，姜椿芳不敢怠慢，以同样代价买烟卷送还他，还在家里请他吃过一顿饭。某天，中谷邀请姜椿芳去日军俱乐部吃饭。姜椿芳以为这一去就不能回来了，就非常镇定地告知家人和时代社的同事，做了被捕乃至被杀害的准备。但出乎意料的是，中谷并没有扣留姜椿芳。

中谷继续"友好"往来，请姜椿芳看舞蹈演出，姜椿芳便回请他看一次京剧演出。姜椿芳估计，中谷来找自己"交友"的目的，一为监视自己的活动，二为了解时代社和苏联人的活动情况。这时日军在太平洋上连遭败绩，德国也在节节败退，日本方面想和苏联维持"友好"关系，并且想请苏联出面来调停战争，所以首鼠两端，既觉得苏联人和与苏联有关的中国人在上海的活动犯忌，却又不便下手。因此，尽管时代社有不少人如送报员、排字工人等被敌伪用各种理由逮捕传讯过，但都被告诫，不许把被捕、传讯的事说出去，对于姜椿芳这个"头头"就更要采取慎重的方式了。于是便有中谷"交友"的事情发生。就这样，姜椿芳以他的机智沉着和丰富的斗争经验同这位日本"朋友"周旋了半年有余。

1945 年 2 月间，时代社译的苏联短篇小说，在汉奸办的《六艺》杂志发表，为中谷所发现，中谷遂在"造访"时追问姜椿芳，被搪塞过去。1945 年 4 月 5 日，苏联政府宣布苏日中立条约到期后不再延长。4 月间，苏军已进攻到柏林附近。第二战场的开辟使日军在太平洋战线上接连失利，形势很不妙，因而日伪当局对时代社的监视也更加厉害，随时可能动手把时代社的人抓起来。塔斯社作为苏联官方机构，人员可以受到一定的保护，于是姜椿芳等时代社人员把编辑部搬到了塔斯社内，把翻译的稿子保存在那里。4月下旬，《时代》准备复刊。5月1日，时代社没有经过日伪当局的同意就把《时代》复刊了，而且把苏联军队占领柏林、红军站在德国国会楼顶上的照片都登了出来，杂志印了好几千份。中谷知道这一情况，也不干涉，只是常来向姜椿芳打听出版多少份，还准备做什么。

　　1945年8月8日晚，苏联政府向日本驻莫斯科大使宣布从次日起与日本进入战争状态。8月9日苏联对日宣战后，日伪当局也对在上海的苏联人动手了。日本宪兵队来到塔斯社，把苏联人监禁并送进集中营。对中国人例行询问，并记下每个人的家庭住址，要求配合日伪当局，随传随到。姜椿芳担心日本人会对自己下毒手，连夜逃到了常州乡下。中谷此时又出现在了姜椿芳家里，因此并未能见到姜椿芳。几天之后，也就是8月15日，日本宣布无条件投降，姜椿芳遂返回上海。姜椿芳记述："9月间，中谷坐汽车来看我几次，我通过组织关系打听出，他已为国民党顾祝同系统的特务情报机关'国际知识社'所收买，我便冒险用'晓以大义'的话，把他支走，我即迁居回避他。自此，他没有再来看我。"[1]

　　1945年8月16日，即日本宣布无条件投降后的第二天，时代社恢复业务。就在这一天，叶水夫、马骏等人创办了一张8开的中文报纸《新生活报》。因为时代社当时出版俄文版《新生活报》，所以中文

---

[1]　姜椿芳：《姜椿芳简历》，载姜椿芳《怀念集》，奥林匹克出版社1997年版，第33页。

报也用这个名字，表面上看是同一名称俄文报的中文版。《新生活报》第一期登有毛泽东像，而且在街上贴出来。

据史料记载，国民党第一批"接收大员"是在 1945 年 8 月 29 日飞抵上海的，而《新生活报》在国民党政府全面恢复对上海的掌控之前出版，巧妙避免了申请审批手续，是极具战略眼光和斗争智慧的。

姜椿芳回到上海后，跟叶水夫等人商量，认为大家最初创办的是《时代》周刊，而且现在是时代社，"时代"这个名称早已深入人心，出版报纸也应该用"时代"的名义。所以从 9 月 1 日起《新生活报》改名《时代日报》。报头上"时代日报"四个大字苍劲有力，是国民党元老陈遗陶题写的。发行人匣开莫，总编辑姜椿芳。编辑部设在北成都路 973 号。

《时代日报》是抗战胜利后党领导的第一份与上海读者见面的报纸。党组织先后派来了林淡秋、黎澍、楼适夷、陆诒等同志直接参加编报工作，继唐守愚之后与姜椿芳保持联系的梅益、姚溱也间接参加了工作。

与此同时，时代社把在日伪盘踞期间积存的稿子，能出单行本的出单行本，能在《苏联文艺》上发表的在《苏联文艺》上发表，加上《时代》等一批杂志、报纸仍然继续出版，1945 年 7 月还创办了中文版《苏联医学》月刊，主要翻译介绍苏联的医药卫生事业情况，一时间书报刊出版数量之多，可算得上是真正的时代的出版社了。据统计，从 1945 年到 1947 年 7 月，时代社共出版 51 种与苏联有关的书籍。

1946 年 6 月底，国民党政府全面撕毁《双十协定》，发动了内战。上海的白色恐怖再起，新闻出版界的审查也日益严密。作家周而复曾在抗战胜利后两党和谈期间，作为新华社特派员赴华北、东北、华中等地采访，写文章揭露国民党的内战阴谋。他撰写的报告文学《松花江上的风云》曾在《时代》周刊上连载。为此，淞沪警备司令部稽查处派爪牙王悦康到时代社调查周而复其人，被告知周某人只是投稿者，并非编辑部的编辑。但对方仍不死心，多次反复调查询问，逼得时代社没有办法，出了一封证明信："查敝报无论吴江路营业部和成都北路编辑部，无论过去与现在，均无周而复其人，特具证明。"此事才算不了了之。

姜椿芳作为时代社总编辑，不时被市长吴国桢或新闻处长曾虚白叫去查问、训斥。在这样的险恶环境中，姜椿芳随机应变，采用隐蔽的曲折方式报道解放战争的真实情况，声援反内战反独裁民主运动的开展，从而让读者知道党的方针政策，看到中国的前途。同时，他利用与孙夫人宋庆龄、周建人、许广平、梅兰芳、周信芳、赵朴初、金仲华、黄佐临、李伯龙、傅雷、沈知白、卫仲乐等各界知名人士的关系，在话剧界、京剧界、音乐界、舞蹈界，甚至在妇女界与宗教界，通过公开与秘密的活动，团结了一大批文艺界人士和其他知识分子。他还身体力行，在繁重的工作中挤出时间，搞京剧改革，探索中国古典音乐舞蹈与西洋音乐舞蹈相结合的途径，选择合适的题材，请人创作，比如上文所讲的舞剧《孟姜女》的几次演出。

1948 年，人民解放战争已呈汪洋大海之势，姜椿芳主编的《时代日报》的宣传鼓动更在敌后起到了推波助澜的作用，国民党当局眼看着《时代日报》不仅报道上海各界游行示威，声援市民"要和平""反内战"，还在军事上巧妙而无情地揭露"国军"的失败和"共军"的胜利，实在忍无可忍。

据唐守愚回忆，当时正处于国共两党决战的时刻，国民党统治下的上海，一片白色恐怖，新闻被封锁，人们很难得知真实的战争消息。凡是关心解放战争和时局发展的上海人，几乎没有人不知道《时代日报》经常登载署名"秦上校"（姚溱）的军事评论文章的，文章的栏目是"半周军事述评"。每逢刊有军事述评的一天，《时代日报》就必须加印几千份，可仍然被抢购一空。民众不仅每逢当日军事述评见报必抢购，而且必读、必议论、必传阅或口头宣传，还模仿他人将看过的旧报纸放在公共场所，任人阅读。所以，秦上校的读者不能以报纸发行量来计算。影响所及，甚至远在香港的进步报刊，也纷纷打听作者指名索稿。一时社会上纷纷猜测："秦上校"是何许人？多数人确信必是一位军界耆宿，谁知作者竟是一位二十几岁的文化人。

写军事评论，只能是夜深人静时分。首先，姚溱每晚都要收听延安新华社有关战况的广播（这件事多数由妻子代劳），这是撰写军事评论的基础，但这部分材料只字也不能用。然后再查阅各种中英文报刊，特别是从国民党报纸所公布的战报夹缝中寻找矛盾，据以撰文揭露事实真相，并暗示战事的发展前景。因此，姚溱所写的军事评论，不但材料丰富，说理透彻，而且以子之矛，攻子之盾，因为文章中出现的材料都是英文报纸和国民党报纸中公开披露了的，无可挑剔。①

1948 年 6 月 3 日，《时代日报》报道了上海圣约翰大学等三所大学的反美爱国学生运动，国民党当局终于以"歪曲报道"，"显欲煽动骚乱"为借口，由市政府出面勒令《时代日报》无限期停刊。国民党当局还指责《时代日报》"支持共党，企图阻挠政府的金融政策，煽

---

① 唐守愚：《"秦上校"姚溱》，载《新四军江淮大学纪念文集》，2011 年 1 月印制。

动工人和学生骚乱，歪曲军情"。

《时代日报》虽被停刊，但《时代》周刊仍继续出版，时代社仍以"苏商时代书报出版社"的名义活动。时代社的人经常被逮捕和传讯，姜椿芳的活动尤其被关注，经常有人盯梢、拍照，但却未敢下手，只是姜椿芳经常被传到市政府、警备司令部接受"训斥"。时任上海市市长的吴国桢曾对苏联方面提出抗议，要求把姜椿芳撤职，但都被苏联人应付过去了。

多年后，与叶水夫一起被并称为"夫妻翻译家"的许磊然仍然动情地回忆起这段在时代社和姜椿芳领导下，充实而紧张、危机四伏却温馨团结的编辑生涯：编辑部几次搬家，从狭窄的办公室、考究的高级公寓到解放后环境优美的小洋房，但是一直萦绕在我脑际的却是成都北路那幢破旧的小楼。那是一幢临街的石库门房子，一共两层，是抗战胜利后买下的一个印刷厂（包括中俄文排字、印刷、纸型等车间）。《时代》杂志、《时代日报》、《苏联文艺》的编辑部也设在这里，加起来有好几十人，其拥挤是可想而知的。编辑人员就在这印刷机的轰鸣声中和打纸型的敲击声中工作。这里有日班和夜班，报纸的编辑们在编报的空隙还在排字间上的阁楼上休息。椿芳同志经常是下午和晚上工作，有时甚至是日以继夜地工作。他那瘦弱的身体似乎永远不知疲倦。经常来编辑部的有地下工作者和进步人士，但也有国民党的特务伪装成拾废纸的从后楼梯上来，希望从我们的字纸篓里捡到一些他们需要的材料。印刷所附近有人盯梢是家常便饭，椿芳同志的背影就曾被偷摄去。许磊然着重提到，时代社是一个很好的集体，在那风雨同舟的岁月里，大家患难与共。编辑、工人和发行人员之间，大家关系融洽，亲如家人，没有上下级等级分明的观念。这和椿芳同志的领导作风是分不开的。①

到了 1949 年 4 月，国民党特务机关终于按捺不住了，要对姜椿芳下毒手——阴谋制造一起车祸，用汽车将他撞死。潜伏在敌人内部的我党地下工作人员火速将情报送出，党组织让姜椿芳立即离开上海去香港。4 月 18 日，即人民解放军百万雄兵横渡长江前几天，姜椿芳化名草帽商魏晋卿，穿了一身最好的西服，戴着墨镜，摆出很有身份很有地位的样子，来到机场。为了迷惑敌人，妻子也打扮得光鲜入时，到机场送行。"魏晋卿"在通过关口检查时，妻子提心吊胆，强自镇定，但其眼中的不舍和泪水却是真实的，国民党检查人员这才深信不疑，予以放行。

姜椿芳和一批转移到香港的同志只在香港停留了十几天，就听从党中央指令，于 5 月初乘轮船到天津，转往北平。1949 年 5 月 27 日，姜椿芳同潘汉年、夏衍、许涤新等人随同接收上海的工作组又回到了上海。

后来姜椿芳逝世后，资深新闻工作者顾家熙写下了"时代主笔，百科元勋"的挽联。中国大百科全书出版社编审黄鸿森问他，为何"时代"两字不加书名号？顾说，此两字有三义：一指他在上海艰难岁月创办《时代》周刊；二指由《时代》周刊发展起来的《时代日报》、时代社多元化出版事业；三指《中国大百科全书》为当今中国规模最大、包罗最广、内容最全的出版物，姜老任总编辑，也可以理解为他是当今时代的大主笔。《时代》周刊和时代社在姜椿芳的革命生涯和出版工作中的非凡意义，可见一斑。

---

① 磊然：《不尽的思念》，载《文化灵苗播种人——姜椿芳》，中国文史出版社 1990 年版，第 47 页。

五、翻译英杰的"助产师"

在时代社任职期间，姜椿芳以时代社为中心，如一位"助产师"，培养了一批苏联和俄罗斯文学的翻译、研究人才，使他们在中华人民共和国成立后成为苏联文学研究、介绍、编辑出版的骨干力量。

他在任时代社社长期间，把重要的、有分量的俄罗斯名著、苏联卫国战争时期的名著都安排给同事去翻译，他自己却翻译《卫国战争诗选》这类短小精悍的作品或政论文。正是这种精心培养、扶持青年后辈的高风亮节，使时代社涌现出草婴、叶水夫、许磊然等一批俄文翻译名家。他们的译著影响了整整一代人。

许磊然（1918—2009），资深俄苏文学研究专家、人民文学出版社编审。她于1938年开始学俄文，并通过学俄文的同学陈冰夷认识了姜椿芳。1941年许磊然翻译了高尔基的短篇小说《鲍列斯》，登载在姜椿芳主编的《时代》周刊的副刊《高尔基研究》上，后参加时代出版社编辑部的工作。广大读者喜爱的《安娜·卡列尼娜》、《死魂灵》、《青年近卫军》和《母亲》等名著都是许磊然潜心编校后出版的。被鲁迅由日文翻译成中文的《毁灭》，后来也由许磊然从俄文重新翻译成中文。她的译作还有《村姑小姐》、《上尉的女儿》、《教育诗》、《日日夜夜》、《真正的人》、《罗亭》、《贵族之家》、《父与子》等。对许磊然而言，时代社跟自己有着血缘的关系，姜椿芳则是终身难忘的一位好领导。

草婴（1923—2015），曾任时代出版社编译员，1952年后为人民文学出版社、中国青年出版社、上海文艺出版社等翻译俄国和苏联文艺作品，主要译作有《拖拉机站站长和总农艺师》、《被开垦的处女地》、《安娜·卡列尼娜》、《复活》等。1960 年任《辞海》编委兼外国文学学科主编。1978—1998 年系统翻译了列夫·托尔斯泰全部小说作品。他是姜椿芳亲手接引到俄罗斯文学翻译道路上的。他认识姜椿芳那年才 16 岁。草婴原名盛峻峰，浙江宁波人，1937 年 12 月随家人避难上海。国仇家恨使他立志抗日救亡，如饥似渴地阅读进步书刊，同时萌发学习俄文念头。1938 年他在中学读书之余，每星期日去俄侨老师家学俄文。一年后，他通过新文字研究会认识了姜椿芳。他们在宁波路一个地下党同志家见面后，姜椿芳问他学俄文有什么困难。他说困难很多：没有一本俄文字典，没有一本俄文文法书，而教师又不懂中文，不能用汉语解释，唯一的教科书只有哈尔滨出版的《俄文津梁》。姜椿芳愿意帮助他，约定两三个星期见面一次，帮他解答疑难问题。

1941 年 8 月 20 日《时代》周刊中文版出版后，姜椿芳希望盛峻峰参加这方面的工作。盛峻峰有些不自信，姜椿芳就鼓励他："翻翻就会了，你翻好后，我来校阅。"于是，盛峻峰为自己起了笔名"草婴"，开始从事翻译工作。1942 年时代出版社又出版了《苏联文艺》月刊，草婴也参与了翻译工作，第二期就翻译了苏联作家普拉多诺夫的短篇小说《老人》。也就从那时起，他跟姜椿芳经常接触，较多地了解了他的经历，熟悉了他的为人，领略到他的人格魅力，将他作为终身学习的楷模。

另一位值得一提的是翻译名家包文棣（1920—2002），他曾任时代社编译员、新文艺出版社编辑室主任、作协上海分会副主席、人民文学出版社上海分社副总编辑、译文出版社总编辑、上海翻译家协会副会长等。他一生致力于俄罗斯文学理论的译介工作，是研究和翻译俄国三大批评家别林斯基、车尔尼雪夫斯基、杜勃罗留波夫作品的专家，曾主持编辑了《二十世纪外国文学丛书》等。1945年左右，他与姜椿芳相识。1947年，当包文棣读到姜椿芳翻译的杜勃罗留波夫的《黑暗王国的一线光明》，当即被精湛的译文所吸引。姜椿芳便鼓励他尝试翻译一下。包文棣自此开始认真地翻译起了杜勃罗留波夫的论文。

1950年，包文棣被分配到时代社工作，当时他除了每半月翻译一两篇供《时代》杂志的稿件之外，多余时间可以自己提选题译书，就提出翻译杜勃罗留波夫著作的打算。尽管他那时还没有什么翻译经验，但是姜椿芳立刻同意他的计划并给以支持。后来因时代社撤销，包文棣所译的《杜勃罗留波夫选集》第一卷于1954年在新文艺出版社出版。

包文棣对姜椿芳评价很高。"在椿芳同志领导下工作是非常愉快的。他对每一个工作人员都充分信任。没有架子，凡事能推心置腹。在他的周围团结着一大批认真的翻译工作者。姜椿芳兼任上海俄专的领导以后，他更着手培养语言与文学的研究或翻译工作者。他后来所以有魄力组织出版大百科，正是因为他能够获得这些力量支持之故。"①

如果从1930年开始俄文翻译算起，到此时姜椿芳已经有十多年的翻译经验了，已经形成了自己的翻译风格。他遵循的是鲁迅所提倡并亲自坚持的翻译方法：严格按照原文句式、格调，不增不减，忠实

---

① 包文棣：《悼念姜椿芳同志》，载《文化灵苗播种人——姜椿芳》，中国文史出版社1990年版，第53页。

翻译，宁信不雅。虽然当时的译文现在看起来有些词句不够文雅，不够成熟，颇有硬译的味道，想到当时的译者是在摸索和学习的道路上前进，也就觉得这些缺点是难以避免的了。落实到具体的诗歌翻译方面，他主要是遵从原诗的音节和韵脚来进行翻译的。比如说，原诗每句有多少音节，中文就译几个字，原诗哪几句押韵，中文的这几句也必须押韵。中文句子的长短要和原文保持一致，但原诗的抑扬顿挫很难保持，照顾到押韵，却照顾不到中文的平仄。这是一种尝试，这种尝试是遵照瞿秋白翻译普希金《茨冈》的原则和方法来进行的。这种尝试的目的是为中国新的格律诗做一些初步探索，为后来不少译者所遵循效仿，尤其是在外国诗歌翻译方面。

当代著名儿童文学翻译家、作家任溶溶（1923—　）在翻译方面是姜椿芳的"私淑弟子"，他在不同场合都表达过，姜椿芳对他影响特别大的就是译诗。他给时代社译儿童文学作品，其中苏联马尔夏克的几本儿童诗，就是学姜椿芳的译诗方法译出的。20世纪50年代，他托苏联友人、著名翻译家加托夫把他译的马尔夏克儿童诗集送给马尔夏克。加托夫来信告诉他，马尔夏克要他把译诗念给自己听，开始先是闭目静听，后来忽然念起自己的原诗来，最后很惊喜地说，语言不通，怎么节奏竟能一样呢？任溶溶读到此处，内心实在激动。直到现在，任溶溶依然爱译儿童诗，依然照姜椿芳的方法译，熟能生巧，越译越顺畅了。他曾跟姜椿芳开玩笑说，我译儿童诗就是学你那样"蓬嚓/蓬嚓/蓬嚓""蓬嚓嚓/蓬嚓嚓/蓬嚓嚓"的。

姜椿芳以自己的言行影响激励着俄文翻译界的同侪和后辈，1953年时代社解散后，青年编译者走向全国几个重要的出版社和科研机构，都有着相似但不雷同的独特风格。

第三章

从革命者到翻译家（1949—1975）

一、续办"时代" 初建"上俄"

1949 年 5 月姜椿芳重返上海后，时代社的工作仍然继续进行，仍由姜椿芳任社长，只是此时已经无需再采用苏商的名义了。刊物方面，《时代》周刊、《苏联文艺》（1949 年 8 月终刊）、《苏联医学》继续出版，已停刊的《时代日报》不再恢复。时代社的主业改为出书，翻译人员也有所增加。上海市委拨淮海中路 1610 弄逸村 2 号原蒋经国的住宅给时代社编辑部办公用，拨南京东路慈淑大楼铺面原《东南日报》营业部给时代社扩充门市部之用。上海门市部于 7 月在新址开业。

从 1949 年 6 月起，《时代》由时事性周刊改为学习马列主义、介绍苏联建设的综合性半月刊，姜椿芳任主编。6 月 16 日出版了上海解放后的第一期，封面是人民领袖毛泽东的照片，里面刊登了中国人民解放军布告和毛泽东的《论人民民主专政》。

到 1951 年 8 月，《时代》已有整整 10 年历史了。8 月 20 日，《时代》出版了纪念特大号（总 359 期）作为终刊号。周建人、金仲华、许广平、夏衍、马叙伦、姚溱、恽逸群、陈虞孙、周而复等 27 位知名人士从不同角度回忆了时代出版社 10 年来走过的道路。卷首《时代十年 1941—1951》一文则对时代出版社 10 年来的历程予以全面回顾与总结，指出："在十年之中，时代出版社一共出了三百六十五种书籍，总计在二百八十万册以上。实际上，正式出书是从 1945 年胜利后开始，自 1945 年至 1948 年底出了一百三十多种书，更正规地出书，则在 1949 年解放之后，所以解放之后所出的新书几占全部书籍的一半（一百八十多种）。照性质来说，以文艺书居第一位，共计一百六十一种。其次是斯大林的著作，马列主义以及其他社会科学的书籍，共计一百六十种。再次是医学和一般科学方面的，共二十五种。最后是语文方面的，共十九种。在文字方面说，以中文为主，其次是俄文、英文，最后是德文和日文。照出版书籍的种数和出版总册数来说，每种书平均六千册，假使把早期出版的俄、英、德、日文的小册子（印数不多），不算在内，平均每种书应该在七千册以上。"

1949 年 10 月，时代社在北京设立分社，地址在东交民巷十八号。不久，将总社设在北京，上海部分改为分社。随着国家大规模经济建设的兴起，在全国范围内开始建立新型的出版体系。1951 年时代社成为国营企业，先后在上海、南京、杭州、北京建立的书店全部划归新华书店，北京的印刷厂也交给新华印刷厂。1957 年，时代社撤销建制，并入商务印书馆。

1949 年 5 月 27 日中国人民解放军上海市军事管制委员会接管上海后，姜椿芳被分配在文管会文化教育艺术处工作，任剧艺室主任。上任第一天，便被派去和张春桥接收国民党中央通讯社。此外还参加了新中国建立初期的各种运动和活动，如取缔银元贩子、慰劳解放军、救灾广播、游园义卖和各种义演等。

1949 年下半年，姜椿芳的出版业务之外的工作，主要是开展戏剧改革工作和上海各种社会活动的筹备工作。8 月间，组织剧艺训练班。9 月间参加筹备新中国成立大典的庆祝会。10 月间参加招待苏联第一个文化艺术代表团的工作。自此，主要力量便转移到接待外宾工作方面。10—11 月间参加接待苏联摄影队（拍两部关于中国的影片）。

> 上海解放初期，椿芳同志担任了一个短时期的上海军管会文艺处剧艺室（负责戏曲工作）主任。时间虽不过几个月，却做了不少工作，为上海戏曲改革工作打开了局面。有一件事现在也很少人知道了：1949 年四季度，上海出版了一种全国唯一的《剧影日报》，是八开四版的小报，用以代替解放前那些黄色小报。就是在夏衍、于伶等同志主持下，由椿芳同志亲自操持，推动工商界进步人士赵邦镱先生出资筹办的。①

1949 年 11 月初，上海市委副书记刘晓接见了姜椿芳，告知他，

---

① 刘厚生：《难忘的老姜、姜老》，载姜椿芳《怀念集》，奥林匹克出版社 1997 年版，第 16 页。

党决定在上海办一所培养俄语人才的学校，要求一要赶快筹备成立，二要用速成的办法进行培训。原来，新中国诞生伊始，百废待兴，建设任务十分繁重，当时的友邦苏联决定给我国提供150多个工农业援助项目，并派遣各行各业的专家、员工来华参与建设，国家急需一批俄语人才保证中苏双方的合作顺利进行。

不久，市委就正式将学校取名为"上海俄文学校"，任命年仅37岁的姜椿芳为校长和党委书记。这是新中国成立伊始兴办的第一所高等外语学校，也是现在的上海外国语大学的前身。1949年11月23日，《解放日报》上刊登了一则以姜椿芳个人名义发布的上海俄文学校招生广告。之后，经考试，高、中、初三级共录取了二百多人，高级班只有十几个人，中级班稍多一些，其余均录入初级班。

组织决定把这所学校附设在华东人民革命大学（当时设在苏州），校舍设置在停办的暨南大学（宝山路校区）。当时校舍简陋，干部的寝室就是办公室和会议室；椅子不够，就坐在窗沿上开会。校园环境差，姜椿芳就领着学生一起动手，平整校园，挥汗修路。大礼堂里没有座椅，开大会和听报告只能席地而坐……从姜椿芳奉命创办上海俄文学校，到1950年1月学校迎来第一批学员，仅仅用了不到两个月的时间。学校正式挂牌时的全称是"华东人民革命大学附设上海俄文学校"。

缺乏教师和工作人员怎么办？姜椿芳积极聘请当时在上海的具有较高学历的苏联侨民担任大部分的教学工作，同时又从外地聘请了国内俄语界前辈夏仲毅教授来校担任俄语教研室主任。

教材采用的是新知书店出版的贺青著的《俄文初级读本》和《俄文读本》。当时很多人并不知道，贺青其实是姜椿芳的笔名。在上俄创立 10 年前，他已经以"贺青"之名开始编译我国第一本俄文教材《俄文简明读本》。

《俄文初级读本》又被称为没有俄文基础学习者的"启蒙教科书"。教材的编写从俄文字母表开始，内容上有独到之处，读本与文法的融合编排同时解决了当时没有俄文字典和语法书的问题。姜椿芳在前言中这样解释：

> 首先要说的是：照编者的俄文程度，是并没有力量编制读本的，但是为了客观的急需，冒昧的，勉力的试编了这本本子。这本本子虽然编成了，但是心里始终惴惴不安，读本是否适合教学之用，应该经过番试验。这本本子并没有经过这种试验，所以很希望读者能贡献意见，以便在将来改正它。

> （二）外国语言，因为语文统一，并不能像学中国文言似的，只读或阅、写或译，而不说和谈，应该阅读、朗诵、写作、翻译、谈话等同时并进，这才会对于所研究的语言有进步，并且进步很快。本书便是在这原则上，试图着编出来的。

> （三）由于上面所说的原则，可见外国文用自修的方法是很难成功的。本书虽然企图编得能够给读者作自修之用，但实际上当然是不会达到这个希望的。不过在没有教员或没有适当时间去跟教员学习的情形之下，拿本书来作自修的材料，多少或许总有些帮助的。

> （四）学习外国文，似乎最好还是从身边琐事学起，从自己周身的事物再扩大到一般抽象的字和句。本书对于这点也试图做了一些工作。

（五）学习外国文，文法应该弄清。本书每课都讲一些文法，每课的文法都竭力和各该课的课文有关。

（六）因为限于初读所能遇到的字句，全书只把文法粗粗地讲了一个大概，但主要的原则是包括到了。

（七）因为文法是随着课文讲的，虽然也竭力设法使它有系统，但在层次上不免有先后。所以，又在课末附了俄文文法简要，以便读者得到一个粗略的印象。

（八）每课课文，虽曾竭力使它文而成章，但是由于生字或文法的限制，在前半部仍多独立而无关联的句子。

（九）本书的课文，大部分是编者自己编写的，只有很小的一部分是从别的书上搜集来的，所搜集来的，也都经过一番复制了。

（十）每课生字都排在课末，以便读者不是为了联系所记的生字而讲课文，是为读课文而记生字。为便利读者查询生字，在书末又附了本书的简单字汇。本书采用生字约共 950 个。

《俄文读本》采用的是国民党政府中央大学俄文专修科曾使用过的俄语启蒙教科书。中国翻译工作者协会理事、国家级有突出贡献的专家鲍世修是上海俄文学校第一期第一个提前毕业走上工作岗位的学生。他正规学习俄语的时间前后不到半年，学校即认定他已经合格可以胜任相关工作，靠的正是学校当时的教材——《俄文读本》。鲍世修后来撰文指出，这本书编得很有特色，因它遵循了以下几条原则：第一，必需和够用，即在有限的培养目标内给学习者提供最基本、最必需的词汇和语法知识，而这些词汇和语法知识又能保证学习者在参加工作后的最初的翻译实践中基本够用；第二，学以致用，每课除讲授一定的词汇和语法知识外，都配有大量结合现实情景的练习题，让学生们学了就马上能用；第三，照顾中国学生学习特点，书中注意了揭示中、俄两种语言的不同表达特点。①

1950 年 2 月，上海俄文学校在上海宝山路原暨南大学的礼堂里举行了隆重的开学典礼。姜椿芳请来陈毅市长给学生们上了第一堂政治课。陈毅见到姜椿芳就批评校领导们办学有些"小手小脚"了，他说："何不招个五百、一千的学生？"于是第二期就按照他的指示，扩大了招生名额。陈毅也很关心学校的成长，经费、校舍方面有困难就去找他，他总想办法尽量满足要求。

1950 年国庆节前，上俄校园的露天操场上摆开了一溜由课桌拼成的餐桌。全体学员接到校方通知，要在此吃西餐，共迎新中国成立后的第一个国庆节。很多人不禁有些疑虑，吃西餐不是资产阶级的生活方式吗，为什么还要重现、效仿呢？待学生到齐、坐定后，姜椿芳讲话了。他语重心长地说，考虑到同学们毕业后要担负翻译工作，要参加各类外事活动，因此学习外国生活的礼仪常识是很有必要的。

不久，学校增设了英文班，1951 年又成立东语系。1952 年，学校脱离华东人民革命大学，成为独立的上海俄文专科学校。1956 年起，学校名称从专科学校改为外语学院。1994 年，经国家教委批准，学校正式更名为上海外国语大学。

姜椿芳作为首任创校校长，在校时间虽短，但始终心系学子。他在校期间，平易近人，没有领导架子，学生们都爱和他接近。1952

---

① 鲍世修：《阳光雨露惠我终生——忆姜椿芳校长对我的苦心哺育》，载姚以恩、姜妮娜、姜抗生编《姜椿芳纪念文集》，中国大百科全书出版社 2008 年版，第 111 页。

年姜椿芳调到北京不久,上海俄专也有 10 名学生毕业后分配到北京工作。来京之后,同学们刚安排好住处,早些日子先来北京的姜椿芳就亲切、热情地来到住所看望大家。那时在京的首届毕业同学,因人地比较生疏,每逢节假日,往往不约而同地去姜椿芳最早的工作岗位——斯大林著作翻译室探望他,而姜椿芳每次都很热诚地接待大家,询问大家的工作、生活情况。同学们家都远在南方,姜椿芳的家成了同学们在北京的家。

二、编译局中译经典

1952 年初,上海俄文学校刚刚进入轨道,姜椿芳就被调任中宣部斯大林著作翻译室主任。

1952 年 1 月底,姜椿芳来到北京。3 月间,斯大林著作翻译室调来上海俄专的 10 名学生和大连《实话报》的 3 位苏联专家。刚要展开工作,就根据中宣部指示,投入到反细菌战的翻译工作中。7 月间,译苏联五年计划材料。10 月间译斯大林的《苏联社会主义经济问题》。同一时期,姜椿芳又出国参加了亚洲太平洋区域和平会议、"中苏友好月"等活动,并于 12 月间出国参加维也纳的世界人民和平大会,为宋庆龄当翻译。所以在 1952 年内,姜椿芳在斯大林著作翻译室的工作几乎未能展开。

1953 年伊始,为了更好更快地完成马克思列宁主义经典著作的翻译,党中央将中共中央俄文编译局(成立于 1949 年初)、中宣部斯大林著作翻译室合并,成立中共中央马克思、恩格斯、列宁、斯大林著作编译局，由师哲任局长，陈昌浩和姜椿芳、张仲实（1955年到任）任副局长。

党中央非常重视编译局的工作。编译局除翻译马列主义理论著作外，还负责一些理论研究工作。编译局虽然已经改变了业务性质、任务和职能，但仍承担为中央领导同志做口译的重任。在那个时期，这项工作必须由编译局领导亲自担任。就是说，编译局的几位局长不仅要担负马列经典著作翻译的领导工作，而且经常要为中央领导同志做翻译，有时要陪同他们出国，出国的时间往往又较长。在这种情况下，为妥善安排工作，局领导作了分工，指定师哲和姜椿芳负责局外和出国活动方面的任务。中央机关，特别是中宣部曾召开过多次大型的外国专家座谈会，大多由姜椿芳担任翻译。安排专家外出活动、参观、郊游等，也多由姜椿芳负责和主持。姜椿芳对上述这些活动都能胜任，博得各方面的赞誉。

师哲撰有《为人民鞠躬尽瘁》一文，这样评价姜椿芳："姜椿芳同志善于交际，善于处人处事，群众关系较好。我也常有陪中央首长出国访问的任务，有时一出去几个月甚至半年，因此编译局的日常领导工作都交给姜椿芳同志办；中央宣传部召开的会议，我派他去参加，历次政治运动由他具体负责抓，培养干部、职工晋升等工作也由他管，总之一切杂事都由他负责。除此之外，他还管一些校审的工作。交给他工作，他总是不声不响认真地完成，从不挑拣。交给他工作我很放心和满意。在几个局长中，姜椿芳同志的工作担子最重，当时同志们给他起了个外号，称他为'骆驼'。"①

---

① 师哲：《为人民鞠躬尽瘁》，载《文化灵苗播种人——姜椿芳》，中国文史出版社1990年版，第75页。

成立之初的中央编译局所肩负的主要任务是从俄文译成中文并出版《马克思恩格斯全集》、《列宁全集》、《斯大林全集》。马恩列斯著作的内容包罗万象，无所不及，仅仅掌握一些哲学基本概念远不能精准理解，更何况涉及众多政治名词，要把他们的著作译得意思准确、文脉通畅、语言优美，并不容易，甚至困难重重，因为这既要求译者具备优秀的俄文水平和较深厚的汉语底蕴，也对他们文史哲、科学等方面的知识和政治理论要求甚高。

姜椿芳亲自监督、参与翻译了《斯大林全集》的第一卷，并决定以此作为之后所有翻译的质量范本。在《斯大林全集》第一卷翻译过程中，他提出了很多关键性的指标和意见，比如：翻译的前提是了解，不仅要了解掌握原文，更要理解其中蕴涵的理论思想和依托的历史背景；在中文表达通顺，能让人看懂看明白的前提下，也要用文采去修饰，让人看起来舒服，愿意去看，也愿意去思考。为了保证书籍翻译出来的艺术性，他前后将译稿寄给了叶圣陶、吕叔湘、朱光潜等语言文学大家，获取了宝贵的专业意见，使得译本有着非常深厚的文学底蕴，甚至曾经编入过中学的语文课本。

整整一年，姜椿芳事必躬亲，仔细研究和反复琢磨文段细节和成文的语言，保证整体思想忠于原著、文化水平不落后。1953年9月，《斯大林全集》中文版第一卷问世，至1956年4月出齐，共13卷，总计336万字。

翻译三大全集，是一个宏伟的工程，也极为艰巨。为了完成党中央的重托，姜椿芳全身心地投入马列著作的编译工作。他为组织翻译力量、聘请外国专家、制订工作计划、审定全集译文、总结翻译经验、建立马克思主义文献资料库等付出了大量心血。

　　1958 年，全国各行各业"大跃进"。当时中央提出要加快《列宁全集》的翻译出版。局领导研究决定，实行全局一盘棋，集中全局编译力量，加快《列宁全集》的翻译，争取在国庆 10 周年完成《列宁全集》的编译任务，向国庆 10 周年献礼。全局同志日夜奋战。姜椿芳此时年近半百，也同年轻人一样，经常挑灯夜战。1959 年国庆前夕，编译局圆满完成了《列宁全集》的翻译任务。《列宁全集》中文第一版共 39 卷（其中第 39 卷因俄文版出版较晚，1963 年才译成中文），共计 1500 万字。在短短几年时间里完成这一宏大工程，这不仅是编译局全体同志向共和国献上的一份厚礼，也是我国翻译出版史上的一个奇迹。

　　曾和姜椿芳共事的顾锦屏评价当时姜椿芳的工作："这里凝结了姜老的心血。姜老不仅参与了这项工作的组织领导，而且直接承担了译文的审定工作。……编译局在局领导的精心组织下，不仅出了书，还出了人。经过三大全集的翻译实践，编译局成长起一支政治方向正、业务水平比较高的马列著作编译队伍。"①

　　在当时的中国，高水平的俄文翻译人才稀缺，参与编译局翻译工作的很多是刚从俄专毕业的年轻学生。那时的编译局有一句口号"出书出人"，即通过具体的工作实践，在完成三大经典著作的翻译、出版过程中，把这些青年学生从初级翻译较快地培养成中级翻译、高级翻译，直至资深翻译家。姜椿芳为这支队伍的成长费尽心思，采用了多种方式方法，动用了多方面的关系，主要可归纳为以下几点。

　　一是拓宽编译队伍的知识面。姜椿芳组织了有关文学、历史、科

---

① 顾锦屏：《姜椿芳与编译局》，《龙城春秋》2003 年第 1 期。

技、古汉语等方面的学术报告，请来做报告的都是本专业国内顶尖的超一流的大专家。讲原子能的是刚从美国回来的原子能科学家赵忠尧教授；讲诗词歌赋的是赫赫有名的大诗人艾青；讲哲学的是高级党校（今中央党校）的教务长、哲学教研室主任、大名鼎鼎的哲学家艾思奇；介绍文学和鲁迅的是研究鲁迅的专家冯雪峰以及作家丁玲。

二是提高汉语和俄语水平。当时举办了"汉语语法知识"讲座，请国家文字改革委员会的专家来讲汉语知识、讲语法修辞；请《俄汉辞典》的编者刘泽荣的女儿——从小在俄国长大的刘华兰女士讲俄罗斯文学，帮助编译队伍阅读和理解原文小说，从而提高对俄文词义的理解，增强语感。姜椿芳还聘请了俄文专家帮助大家释义，其中较为人知的是李立三的夫人、时任北京外语学院教授的中国籍俄罗斯人李莎。

三是提升理论水平。姜椿芳组织编译队伍学习《联共（布）简明历史教程》、《共产党宣言》、《唯物辩证法》等一系列理论著作，并安排大家到中直机关去系统地听《政治经济学》讲座。

四是进行集体翻译。为保证译文的质量，姜椿芳亲自拟定了翻译工作程序，建立了严格的译校制度及向专家质疑的规定，疑难问题集体讨论，还组织了几次大型的有社会上专家参与的翻译标准座谈会、讨论会。

五是翻译与研究结合。在日常具体的译校过程中，姜椿芳要求这些年轻人努力做到翻译与研究结合起来，每个译者在动笔之前要通读原文全文，了解全篇的文章，弄懂内容，查阅资料，搞清写作背景等，然后下笔翻译。初稿完成后，进行互校，再经校审员校改，成文后，交定稿员定稿。定稿员在定稿过程中发现了问题，若也解决不了，就提交全室或全局大会讨论、审定。全局大会的与会者有局长、校审员、各室的主任、定稿员以及这些青年翻译自己。

在具体的工作和学习中不断吸吮着集体智慧的营养，青年们迅速成长起来。当年编译局的学习气氛很浓，这同姜椿芳的倡导是分不开的。在这样的环境中成长起来的年轻翻译干部，对姜椿芳的关怀和培养留下了终生难忘的美好回忆，他也赢得了大家的深深怀念和崇敬。

编译局的编译工作和研究工作离不开各种马列文献和社科资料。姜椿芳对马克思主义文献资料库的建设付出了巨大辛劳，做出了重大贡献。20 世纪 50 年代，中央编译局与苏联马克思列宁主义研究院建立了紧密的合作关系。姜椿芳直接负责同苏联马克思列宁主义研究院的联系。经师哲、姜椿芳的积极争取，苏联马克思列宁主义研究院给编译局赠送了大量原版的马列著作和国际工人运动著名活动家的著作，还赠送了各种重要报刊，如《火星报》、《真理报》等。这一大批珍贵文献为编译局马克思主义文献库奠定了基础。为了扩大文献收藏，姜椿芳不辞辛劳，亲自带领图书馆领导去哈尔滨、大连等地，向有关部门交涉，搜集了大量珍贵图书。建局以来，经过几代人的努力，中央编译局已经建立起在国内独一无二的马克思主义文献库，收藏了马克思主义经典作家的各种原版著作（全集、选集、各种单行本）、国际工人运动著名活动家的原著和他们的传记以及各种重要报刊，还收藏了马克思主义在中国传播的各种文献。丰富的藏书为编译局的编译工作和研究工作创造了良好条件。

姜椿芳还是中央文献中译外队伍的主要组建者。1960 年，《毛泽东选集》第四卷问世，中央从政治上考虑，决定将其翻译成外文出版。5 月便从各单位抽调了一批翻译人员（包括少数行政管理人员）组成临时工作班子。起初只有英、俄两个语文组，每组二十余人（次年 1 月又成立法、西两个语文组，人数类似）。这个翻译班子归中央对外联络部领导，由部长伍修权挂帅。英文组组长是著名教授、翻译家程镇球和徐永瑛，俄文组组长是姜椿芳。中央还专门派了毛泽东主席的秘书田家英为这个翻译班子做中文质疑工作。办公地点开始设在万寿路十八所，后迁至中央组织部万寿路招待所。在翻译《毛泽东选集》第四卷的工作开始后，伍修权、姜椿芳等高瞻远瞩，都认为中央有必要成立一个中译外的常设机构，服务于对外宣传。于是经过一番酝酿和筹措，1961 年 11 月，由中共中央联络部和宣传部联名向中央提出请示报告，同年 12 月 15 日由当时主持中央书记处工作的邓小平批示，我国第一个专门从事中译外的常设机构诞生了。鉴于这个机构在完成《毛泽东选集》第四卷的翻译任务之后的工作是翻译《毛泽东选集》的第一、二、三卷，所以就将它的名字定为毛泽东著作翻译室（后来长期简称毛著室），归属中共中央马恩列斯著作编译局领导，这样，中央交办的经典著作外译中和中译外就珠联璧合、有机地结合在一起了。

1962 年起，姜椿芳主持新成立的毛著室工作。他为组建翻译班子竭尽全力，亲自与有关部门商议，四处网罗英、俄、法、西等各语种的高级人才。同时他很有远见，派出一批年轻人去深造或另学一种外语，对他们进行长期培养，以补充国内中译外人才之不足。当时的这些年轻人有不少后来成为业务骨干。这支队伍逐渐发展壮大，成为现在有英、法、俄、西、日五个语种的中央文献翻译部。这个部不仅承担了毛泽东、周恩来、刘少奇、朱德、邓小平、陈云、江泽民等中央领导同志的著作的翻译任务，还承担了党和国家重要会议文件的翻译工作。姜椿芳作为队伍的组建者，他的功绩是不可磨灭的。

翻译班子一直工作到 1964 年，经过包括外国专家在内的全体同志夜以继日的共同努力，四种外文版的《毛泽东选集》第四卷陆续问世。几十年后再回头看《毛泽东选集》第四卷的译文也是高水平的，第一流的，后来者颇多感慨，由衷地称其"难望项背"。

值得指出的是，《毛泽东选集》俄文翻译工作困难更多。它是在苏联撤走全部专家后，完全靠中国同志自力更生进行的。而且，这一工作当时还带有保密性，因为据说建国初期同苏方有过协议：斯大林著作由中方翻译出版，毛泽东著作则由苏方翻译出版。《毛泽东选集》一、二、三卷的俄文版，就是苏方在 50 年代前期出版的。应该承认，当时我国的中译俄水平不高，俄文人才极其匮乏。《毛泽东选集》是经典著作，对译文的质量要求高，要译得既确切妥善，又有文采，必须有深厚的俄文功底。

姜椿芳还想尽办法，召集局外的俄语翻译人才进行协助。据当时被借调到毛著室俄文组的沈江回忆，当时国内首屈一指的俄文大师刘泽荣、李立三的夫人李莎、当时还在外文出版社工作的苏侨伊科尼科夫等都先后被邀请来参加过定稿工作，或是集体讨论，或是独立地看稿提意见。同时，姜椿芳也十分注意发挥大家的作用和社会力量的作用。如《毛泽东选集》第四卷军事文章的译文都分期、分批交军事科学院组织专门力量审校俄文用语是否正确无误，并请他们派代表来反映意见和参加定稿。这种依靠大家、群策群力、打攻坚战的做法，姜椿芳形象地称为"蚂蚁啃骨头"的工作方式。[1]

翻译期间，姜椿芳高招频出，"针锋相对""土围子""摘桃子"

---

[1]　沈江：《在姜老的领导下工作》，载《文化灵苗播种人——姜椿芳》，中国文史出版社 1990 年，第 79 页。

等译法极大地推动了翻译进度。靠着群策群力和这些翻译高招，几年的工夫，不仅高质量地翻译出了《毛选》第四卷，并且重新修订了《毛选》前三卷，还出版了《毛泽东军事文选》、《毛泽东著作选读》的俄文版。

三、翻译活动和对外交往

在编译经典的同时，姜椿芳还担任着重大外事活动的俄文现场翻译工作。

新中国成立伊始，他的大型活动口译工作就开始了。1949 年 10 月 15 日，苏联作家协会总书记法捷耶夫、副总书记西蒙诺夫率领的苏联文化、艺术、科学工作者代表团抵沪访问，这是上海解放后第一个来访的外国代表团，10 月 18 日中央人民政府副主席宋庆龄在私邸举行酒会，招待法捷耶夫、西蒙诺夫一行，姜椿芳担任俄文翻译。因为宋庆龄平素讲的是带有浦东川沙口音的上海话，姜椿芳遂把俄国客人的话语用上海话翻译给宋庆龄听。事后，当时在场的《新闻日报》社长兼总编辑金仲华告诉姜椿芳，这次翻译孙夫人非常满意。姜椿芳被公认为当时上海的首席俄文翻译，凡是有苏联方面有关的重要活动，差不多都要请他担任口译。

1952 年到了北京，遇到这种场合，他也会被派去做翻译。姜椿芳后来回忆道："中苏友好月和欢送罗申大使，勉为其难地为毛泽东、刘少奇同志当翻译，为吉洪诺夫的长篇报告当翻译。接着，以宋庆龄和郭沫若为团长的中国和平代表团出席维也纳世界和平大会，我跟着宋庆龄同志，为她做翻译。出国当翻译，同世界和平战士交往，这是第一次。后来接着又出国五次，出席国际性的会议，用俄文作学术性报告。每做这些工作，都自忖我这个才正式学过一年俄文的人，觉得底子太差，基础过薄，深感自不量力，怕完不成任务而惴惴不安。好在由于过去做过几年新闻、社会科学、文学艺术的翻译工作，这些领域的词汇，还比较熟悉，没有出洋相。"[1]

这番夫子自道实际上是比较谦逊的。他的翻译水平之高，在当时是首屈一指的。1952 年 11 月，他"勉为其难地""为吉洪诺夫的长篇报告当翻译"，按旁观者的描述是这样的："1952 年 10 月，因为要隆重庆祝中苏友好同盟条约签订一周年，苏联派了苏联艺术家代表团和苏军歌舞团两个高级代表团到中国。有关部门向各个翻译单位征借口译人员。姜老派我去担任口译工作。大概是 11 月份的某一天，刘少奇、宋庆龄在老北京饭店礼堂出面主持了一个盛大国宴，招待这两个代表团。我作为口译人员陪同苏联客人出席了这个宴会。这次盛大国宴上的第一翻译就是姜老。当时给我印象最深的，是苏联艺术家代表团团长、著名诗人吉洪诺夫的即兴讲话。他使用很多文学语言并引用不少诗句，这些我很多没有完全听懂，即使听懂了也觉得难于翻译。但姜老面对如此众多的国家领导人和几百桌的中外宾客，却镇静沉着，侃侃而谈，把吉洪诺夫即兴引用的诗句，立即译成流畅汉语，准确地传达给在场听众。没有俄语、中文、文学方面的很高造诣和丰富的口译经验，很难达到这样高的口译水平。"[2]

---

[1]　姜椿芳：《我的翻译之道》，载姜椿芳《怀念集》，奥林匹克出版社 1997 年版，第 185 页。

[2]　姜其煌：《怀念姜老》，载姜椿芳《怀念集》，奥林匹克出版社 1997 年版，第 391 页。

　　据说，姜椿芳每次在进行翻译之前，都会在脑海里把刚刚的速记再"翻阅"几遍，力求将讲话者的意思完整地阐述出来。据当时我国对外宣传刊物《人民中国》杂志俄文版责任编辑沈江回忆，某天晚上他陪同外文出版社的首席苏联专家白列维尔泰洛去中宣部参加一个座谈会。同时参加座谈会的还有中共中央编译局的几位苏联专家，以及个别其他单位的苏联专家。座谈会由时任中宣部部长的陆定一主持，他简短地致词表示欢迎和感谢苏联专家，并说明座谈会的目的是听取苏联专家对工作的意见和建议。接着，编译局的苏联专家开始发言。这时，坐在陆定一近旁的一个上了年纪、戴着深度近视眼镜、面孔白皙、身材高大、显然是领导者模样的同志，不停地翻译起来。只见他微微侧身、细心倾听发言者滔滔不绝的俄语，告一段落时便从容不迫、出口成章地用汉语把内容讲出来。有的发言话语重复、层次有点乱，他却不拘泥于原话词句，融会贯通后有条不紊地把精神实质传达出来。这个场面、这种译法给沈江留下了深刻的印象。正是这种尽职尽责的精神，加上出色的专业素质，使姜椿芳多次被毛泽东、刘少奇点名要来当口译员。

　　姜椿芳肩上的担子愈加沉重，不仅是外事的翻译工作，很多国家的重要文件，在进行翻译定稿的时候，姜椿芳也亲力亲为，力求不出现任何错误，但时间又十分的有限，所以挑灯夜战、连轴转便成为了姜椿芳的生活常态。

　　沈江回忆，对外宣传刊物《人民中国》杂志俄文版由于要刊载党和国家的重要文件和文章，如人大、政协的文件和一论、再论《无产阶级专政的历史经验》等，为此中央指定了五人俄文定稿小组。姜椿芳是五人小组成员之一。五人小组中虽有李立三、萧三、师哲等同志，但真正能坚持参与定稿的只有姜椿芳和卢竞如（曾任北京俄文《友好报》副总编）两人。所谓俄文定稿，实际上是对译稿进行最后的加工，使之从内容含义到文字措词达到可以发表的程度。这是一项艰巨而细致的工作，因为这类稿件一般很长，需要逐字逐句推敲，尤其是要注意从政治上考虑，"把政治关"。

此外，译文通常还需要随着中文不断地修改，而时间又紧迫，必须及时完成任务，做到译文与中文同时发表。因此，姜椿芳常要同其他翻译同志一起加班加点，有时其他同志因工序在前面，完后即可休息，而定稿者却不得不辛苦鏖战、日夜突击。

姜椿芳多次主持重要文件俄文译稿的审定工作，充分表现了他的严谨认真与高度专业性。在工作方法上，他切实落实群众、专家、领导三结合的方法，既重视专家学者的真知灼见，又不忽视一般翻译的意见。在译文质量上，他精雕细刻，反复推敲，总要达到准确、鲜明、生动为止。1958 年在审定《关于正确处理人民内部矛盾的问题》的俄文译稿时，十多个人对数次加工修改过的译稿讨论了两天，但对有些地方的译法仍有不同的意见，争论很激烈，例如"百花齐放，百家争鸣"究竟该怎样译等。于是姜椿芳带着大家来到曾担任过首任驻苏联大使、外交部副部长，时任中联部部长的王稼祥家中继续讨论，从晚上七点多钟一直到深夜，才修改、审定完全文。

1955 年冬天，时值俄国 1905 年革命 50 周年纪念，苏方邀请中国代表团参加学术研讨会。当时的编译局局长、姜椿芳的老上级师哲在接到通知的第一时间，就想到了编译局的"骆驼"——任劳任怨、兢兢业业的姜椿芳。最终，由姜椿芳、潘梓年、范若愚三人组成赴苏代表团，到苏共马列主义研究院进行学术交流。

临行之前，中国科学院副院长张稼夫对代表团做出了进一步的指示，姜椿芳才明白，这一次的交流，不仅仅是学术上的，更要学习和交流苏联现有的工作制度、方法、经验和教训等，为我国的进一步建设提供参考。代表团来到苏联后，受到了热烈的欢迎。姜椿芳迫不及待地参观了马列主义研究院的各个分院，并且与各个研究室的工作人员进行了友好的交流，获取了第一手的资料。

1955 年 11 月底，姜椿芳踏上归途。回来后，姜椿芳没有时间卸去舟车的劳顿，就开始着手整理详细的见闻报告，准备向上级汇报，对编译局进行全面的升级改革。曾经和他并肩战斗过的姚溱（时任中宣部副部长）知道姜椿芳回国的消息，便安排了一辆小面包车载姜椿芳一家来到了十三陵和定陵的发掘工作现场。姜椿芳非常欣喜，他喜欢感受各地名胜，特别是其中所蕴涵的传统文化的魅力。也正是在这里，姜椿芳碰到了陈毅元帅，两人言谈甚欢。

1957 年 11 月 19—24 日，第三次各国共产党、工人党党史国际会议在布拉格举行，姜椿芳作为中国代表团成员参加了会议。会议期间，姜椿芳通过会议举办地点的变迁和捷克领导人的选举事宜，敏锐地察觉到了苏联和捷克之间的一些牵扯和矛盾。

1958 年 10 月，第四次各国共产党、工人党党史国际会议召开，恰逢马克思诞生 140 周年、《共产党宣言》发表 110 周年、德国 1918 年 11 月革命 40 周年，具有前所未有的重大意义。姜椿芳代表中国代表团，在会议上作了《马克思主义在中国》的报告，详实生动地讲述了马克思主义在中国的诞生、中国共产党对马克思主义创造性的运用和马克思主义普遍真理与中国具体实践的结合等，引起了其他国家代表的极大兴趣。为解决各国代表的问题，中国代表团特别应邀举行了专题座谈会一一解答。

　　1958 年年底，姜椿芳就任国务院对外文化联络委员会副主任。1959 年春天，出席在匈牙利举行的苏维埃革命 40 周年学术讨论会。8 月底至 9 月，去罗马尼亚出席第五次国际党史会议。这段时期，他的主要工作仍是《列宁全集》和《毛泽东选集》的翻译。

四、风雨骤至

　　1963 年，姜椿芳全家搬进了西城区丰盛胡同 42 号。正所谓"吟余搁笔听啼鸟，读罢推窗数落花"，小小的四合院里，充斥着浓郁的文化气息，但现实生活并不平静。

　　1960 年上半年，姜椿芳参加《列宁选集》（4 卷本）的编辑工作和列宁六个小册子的编选工作。6 月底，因《党过生日》一文而被指有严重错误，在局内受到批评。长女姜妮娜在为《姜椿芳简历》所作的"编者注"中补充道：

　　　　1960 年 6 月中旬,《北京晚报》为纪念"七一"向姜椿芳约稿。姜根据报上毛主席 6 月 21 日在上海接见日本文学代表团时所说的话（团结一切除了美帝国主义及其代理人以外的最广泛的力量进行反帝斗争），得到一些启发，并想起 1948 年毛主席写过一篇"全世界革命力量团结起来，反对帝国主义侵略"的文章，就觉得反帝斗争可以作为文章的主题，6 月 28 日又看到报上发表布加勒斯特公报，提到各国共产党团结一致领导世界人民斗争的字句，便决定写一篇以"各国共产党和工人党必须团结一致，领导人民进行世界范围的反帝斗争"为主题的文章来纪念"七一"。

《北京晚报》没有采用这篇稿，直到 7 月 18 日，姜到中宣部开会时，才知道这篇文章有错误，并受到了批评。1960 年 8 月 15 日姜椿芳检查："该文的错误不在于强调'团结一致'，更不在于强调反帝斗争。错误的严重性在于时间、地点、具体问题上不适当地强调了'团结一致'。"①

当时的时代背景是这样的：1956 年前后，中苏两党关系开始有了微妙变化。两党的分歧日益严重，到了 1960 年 6 月矛盾终于公开化。6 月 24—26 日，在罗马尼亚工人党第三次代表大会期间，苏共突然对中国共产党横加指责，同时将中苏分歧公开化。7 月 16 日，苏联政府照会中国政府，决定撤走全部在华苏联专家。到 8 月 23 日，在中国核工业系统工作的 233 名苏联专家，全部撤走回国。在这样的时局形势下，再发表"团结一致"的论调，显然是不合适的。

好在这件事并没有影响到姜椿芳的翻译工作，他于 1960 年 5 月参与的《毛泽东选集》第四卷外文版的翻译工作，一直持续到 1964 年夏。但其间，姜椿芳又被卷入了所谓的"周潜川案件"。

周潜川，祖籍四川威远县，世居成都。早年从军为护士；后得岳丈资助，入国立武汉大学；又以官费赴英国学军工化学。回国后习武术受伤，幸得丹药救治而获痊愈，故好岐黄。离军后，

① 见姜妮娜《姜椿芳简历》"编者注"，载姜椿芳《怀念集》，奥林匹克出版社 1997 年版，第 38—39 页。

负笈峨嵋、贡嘎、青城、武当诸山，遍访民间宿医与精谙医术之僧道，获益良多，家资亦尽耗于此。个人天资与如此经历，使得周氏之学既能旁及诸子、术数、气功、武术，又始终以医家的理论与实用技艺为核心；既得道家真传，又旁通儒佛两教；既有留学海外的经历和西方近代实证科学的熏陶，又能坚持东方传统文化的韵味。这些都是一般医林人物难望项背之处。其所成就的颇具特色的一家之学，自然与古往今来靠文字功夫吃饭的"医学教授"，以及在这个知识体系下养成的医家不同；当然也与各承家技、混饭糊口的江湖郎中有异。

抗战结束，周氏悬壶上海。50 年代应社会名流之邀来京施诊，又以效奇而蒙诸翁向中央举荐，遂在卫生部某副部长的安排下，由上海迁至北京"三时学会"旧址应诊，晚间开讲授业。记得当时周氏的诊费为人民币 5 元（足够维持一般人的每月生活）——如此昂贵的诊费足以说明其"身价"。60 年代初，因治愈山西省委秘书长之顽疾痼病，又被盛情聘入山西省中医研究所工作。此间周氏每年应邀赴各省、军区为高层人物治病，讲授气功与养生之道，但不久即因此蒙难入狱而亡。[1]

姜椿芳长女姜妮娜则摘引相关公文，在《姜椿芳简历》的"编者注"中补充道：

周潜川，汉族，四川省威远县人。解放前曾任伪军少将参谋

---

① 廖育群：《周潜川、廖厚泽与〈古脉法〉》，《中国科技史料》2001 年第 4 期。

处长、川北师管区少将司令和四川省伪银行成都分行经理等职。解放后行医。1965 年 4 月 29 日因反革命罪，经山西省高级人民法院以〔65〕刑初字第 10 号刑事判决判处有期徒刑 15 年，于1971 年元月病死狱中。

1979 年以来，其子周巢父提出申诉。要求重新审理。山西省高级人民法院组成合议庭，对此案进行了审理。经查明："周潜川 1953 年从四川到上海、北京、山西等地行医治病，是经有关领导批准的，1958 年以来，山西人民出版社、山西日报社等单位出版发行的《气功药饵疗法与救治偏差手术》等书刊，和应邀在太原、保定、石家庄、北京等地的报告会、座谈会上向医务人员和干部作医学学术报告属实。但均系讲述中医学术和气功理论。原判认定为'反动书刊'和'灌输反动毒素''向我干部群众进行和平演变的破坏活动'不能成立；周潜川力图把红外用于医学和将我旅大地区 500 余名军官病案带回太原，系研究医学，原判认定为刺探'军事机密情报'不当。

1983 年 1 月 14 日，经山西省高级人民法院审判委员会讨论，判决如下：

一、本院〔65〕刑初字第 10 号刑事判决撤销；二、宣告周潜川无罪。"①

结合以上两则材料，互相印证，我们可以勾勒出一个"神医"和"武林高手"周潜川的形象：他行走江湖，擅长气功，武艺高强，医

---

① 见姜妮娜《姜椿芳简历》"编者注"，载姜椿芳《怀念集》，奥林匹克出版社 1997年版，第 39 页。

术精湛，无论是在新中国成立前还是新中国成立后都得到广泛认可。尤其是在新中国成立后医疗水平还未得到普遍提高的情况下，此等神医可谓难得，所以能从上海被引荐至北京、山西等地，行医讲课。终因其与"各省、军区高层人物"牵连甚广而罹难。

1957 年夏，姜椿芳曾向中宣部体育卫生处反映有关周潜川的情况，从而使他得以在北京开始行医。1961 年七八月间，周潜川被山西公安部门以"以其江湖医术骗人，行特务活动之实"的罪名逮捕，这样追究下来，姜椿芳自然就负有最初介绍之责了。

1964 年 10 月，姜椿芳化名为姜村，随中央编译局"四清"工作队进驻京郊通县的徐辛庄公社小营大队。刚到农村参加运动不久，就收到中宣部干部处通知，要求他写一份关于医生周潜川的材料。姜椿芳据实撰写，写完材料后仍然继续参加运动，直到 1965 年 6 月回京，周潜川案的事情也没有再找到头上来。但到了 8 月，局势急转直下。

8 月底，中共中央批发中监委关于周潜川案件的调查材料，把周潜川定性为"反革命医生"，并点了姜椿芳的名，在中央编译局一部分党员范围内展开对姜椿芳的批评。

从 1966 年年初起，姜椿芳被调离毛著室，只在列斯室工作。4 月间，党内对姜椿芳就周潜川案件问题再进行批判，未及处理，"文革"就开始了。

1966 年 5 月，"文革"爆发。姜椿芳被定为"三反分子"、"走资派"，并进了"牛棚"，受到非人的待遇。

1968 年 9 月 16 日，一辆囚车把他从中央编译局的"牛棚"里拉走，直到四年后，家人才得知他被以"苏修特务"的罪名关进了秦城监狱。

　　在一间不足八平方米的牢房里，他背唐诗，唱《国际歌》，朗读高尔基的《海燕》，内心思考着这场浩劫的源头。编纂《中国大百科全书》的想法也是在这时候逐渐清晰的。

第四章

心血铸百科（1975—1985）

一、酝酿倡议　发心启蒙

　　1975 年，63 岁的姜椿芳已经华发入鬓。十年蒙冤，七年困囚，两千余天！具体地说，他于 1968 年 9 月 16 日被捕，到 1975 年 4 月 19 日"解除拘留"，共 2407 天，接近七年。

　　中共中央专案审查小组第三办公室对姜椿芳的审查做出如下结论：

　　　　姜椿芳，男，现年六十三岁，江苏省武进县人，一九三二年十二月入党，原中央编译局副局长。因苏修特务嫌疑问题，经中央批准一九六八年九月十六日拘留审查，一九七五年四月十九日解除拘留。结论如下：

一、一九四七年至一九四九年春，姜椿芳在上海苏联时代出版社工作期间，为苏联塔斯社上海分社社长罗果夫搜集过国民党的情报。此事，姜于一九五六年向组织作了交代。一九五五年至一九五九年间，姜椿芳四次出国访问，在莫斯科与罗果夫及苏修特务曾秀夫见过面，一九五七年和一九五八年曾秀夫、罗果夫来华时，与姜也有接触。未发现姜向曾、罗二人提供情报的事实。

二、一九五六年七月，姜椿芳任编译局副局长主管苏联专家工作时，苏联专家潘克拉托娃向姜提出，《列宁全集》中文版里有关个人崇拜的注释均需修改。姜报经原局长师哲同意、旧中宣部批准，由编译局有关单位按苏联寄来的"勘误表"修改了有关斯大林的注释。此事，不是姜背着组织干的。

三、一九六〇年四月《列宁主义万岁》等三篇文章发表前，姜椿芳是俄文翻译组负责人，擅自让苏联专家伊万诺夫等参与了俄译文的定稿，属于政治错误。

根据上述审查情况，恢复姜椿芳同志党的组织生活，由原单位分配适当工作，原工资照发，受审查期间扣发的工资予以补发。

一九七五年七月十七日

1975 年 4 月 19 日，中央编译局的几位负责人到北京秦城监狱接姜椿芳。回家后，中央编译局的负责人王惠德、叶直新、张仲实关切地询问他的情况，姜椿芳却和他们谈起他在狱中就已经反复思考的设想：编译局已经译出了《马克思恩格斯全集》、《列宁全集》、《斯大林全集》，是否可以用现有的编译力量，配备一些有专业知识的编辑，编辑中国还缺少的大型工具书——百科全书，填补国家的这项空白。

编译局的负责人们回应道，编译局还有编译三大全集第二版的任务，无力去编百科全书。随后，按照编译局的安排，姜椿芳还是先参加《列宁全集》的校订工作。

"百科全书"源于希腊文 encyclopedia，en 的意思是"完全"，cyclo 的意思是"圈"，pedia 的意思是"知识、教育"，所以这个词大意指在这里涵盖了全部的知识。百科全书汇集人类一切门类的知识或者某门类的知识，既是供人查阅的工具书，也是增进科学文化知识的重要自学读物。

纵观世界，许多国家都有自己的百科全书。早在 1751—1772 年，以狄德罗为首的"百科全书派"出版了 35 卷法语百科全书。1768—1771 年英国出版了《不列颠百科全书》第 1 版。德国在 1796—1908 年，出版了至今有名的《布罗克豪斯》（*Brockhau Enzyklopadie*，今版 30 卷），后来又出版了《迈耶百科全书》（*Meyer enzyklopädisches Lexikon*，25 卷）。美、苏（俄）、日也都早就有自己的大部头百科。而中国古代虽有《永乐大典》、《古今图书集成》这样的类书，却依然不是包含现代所有学科门类的、现代意义上的"百科全书"。

早在 1958 年初夏，姜椿芳就曾思考过革命和科学的问题。那时，全国上下都被"大跃进"的浪潮席卷。姜椿芳在《马克思的风格》一文中，反复提及了"科学"一词，非常清晰明确地阐述了自己对于革命的科学性的见解，认为马克思主义的创立生动地体现了自然发展规律和社会发展规律，希望能够借此改善一些社会上的太过"冲动"的势头。只可惜，那时无人关注他的意见。后来的几年牢狱生活，一个疑问曾反复闪烁在他的脑海：中国为什么会产生这场浩劫？思来想去，他认为主要是整个国家文化落后，人民知识贫乏，中国迫切的问题，是要普及知识，提高全民族的文化水平。

此时，他虽继续投身于《列宁全集》的校订，但心底还是心心念念着如何推动百科全书工作。在接下来的日子里，姜椿芳主要做了两方面的事：搜集和阅读有关外国百科全书的资料；积极向熟悉、关注百科全书的朋友谈自己的想法，他和胡乔木、倪海曙、唐守愚、梅益、于光远等都分别谈论过和百科全书有关的话题。

一切就这样悄然开始了。

他也思考了排印、发行、编辑的具体实施。排印方面，人民出版社党委书记王益表示排印力量没问题，因为当时一年人民出版社的排印量约三千万字，根据百科全书总印量，用两三年时间即可出版。发行方面交给新华书店即可。所以最大的问题在于编辑。出多少卷、包括哪些学科、怎样组织编辑力量等，都需要根据实际情况规划设计。

1976—1977 年间，姜椿芳调查研究了大量国内外关于百科全书的资料。在此期间，周有光托倪海曙转给姜一份介绍美国编辑出版《不列颠百科全书》第 15 版情况的资料（实为出书的宣传品），姜椿芳发现里面有不少可供参考的东西。他又找来《苏联大百科全书》第一、第二版和《苏联小百科全书》以及《苏联百科词典》研究。同时，他还请编译局懂英文、法文、德文、日文、西班牙文的工作人员找来这些国家百科全书的资料，翻译或口头转述给他。美国图书馆协会出版的年鉴中介绍各国出版百科全书情况的文字，对他也极有参考价值。①

---

① 姜椿芳：《〈中国大百科全书〉及其出版社在草创阶段的一些情况》，载姜椿芳《怀念集》，奥林匹克出版社 1997 年版，第 379 页。

掌握的资料越来越丰富，静夜灯下，姜椿芳开始伏案书写。此时他的视力已经极差，同事和家人常常看到他把眼睛近乎贴在纸面的阅读和写作姿态。《关于编辑出版〈中国大百科全书〉的建议》的文稿就这样一笔一笔有些歪斜地出现在纸上。随着了解信息的丰富，带有修改印记的文字内容也渐次呈现。

最终，这篇文稿从"历史任务　客观需要"、"革命导师和领袖向来重视百科全书"、"各国编辑百科全书的情况"、"近年各国编辑百科全书的趋向"和"几点设想"几个部分，阐释了姜椿芳对于中国编纂百科全书的基本看法和设想。

在建议中，他首先论及我国编纂百科全书的必要性和紧迫性。"中国现在一般辞书很缺乏，根本没有大百科全书。""编辑出版《中国大百科全书》，是我国社会主义文化事业的一项基本建设，它是历史赋予的任务，是客观的需要，是世界潮流的必然产物。"接下来，他回溯了革命导师和百科全书的渊源："革命导师，经典著作家都很重视百科全书的编辑出版……马克思和恩格斯曾在信中讨论百科全书的内容细节，毛泽东主席也很重视辞书的编辑出版。"在随后的篇幅中姜椿芳详细列举和介绍了世界各国已有的百科全书编纂情况，并总结了近年来各国编辑百科全书的趋势。总结和吸收先人编撰传统类书的经验，尤其是借鉴和参考世界各国的经验和方法后，他也将热心于百科事业的志同道合者的设想进行归纳和总结，提出了九点关于怎样编好具有中国特点、满足我国读者需要的百科全书的设想。比如：他说现在需要编写的是"大"百科，而非专科词典或"小"百科；由于特殊的历史原因，科技文化人才的培养会在未来十年脱节，所以此事宜尽早开始；为使百科全书尽早和读者见面，可以考虑先出版丛书，经修订后出版正式的百科全书（参照英国《张伯斯百科全书》的出版方式）；有关科学技术的一般条目可以考虑直接从外国百科中选择，加以修订和加工后采用。同时，设想还特别提及领导组织方面的建议："由一名中央领导同志挂帅，邀请全国各学科的有成就的专家，组成编委会（约四十一五十人），下设总编室（约二十余人），设总编辑一人，副总编辑数人，负责全部编辑工作……编委不脱产……"①

姜椿芳给中宣部和出版局送去的《关于编辑出版〈中国大百科全书〉的建议》被于光远看到，文章中不少内容是此前他们谈及的。于光远请他放心，说这个材料将会尽快发表。1978 年 1 月 27 日，中国社会科学院编发的内部刊物《情况和建议》第二期刊登了《关于编辑出版〈中国大百科全书〉的建议》，国家出版事业管理局出版的内部刊物《出版工作》1978 年第三期进行了转载。

4 月 20 日，姜椿芳受胡乔木委托，写出关于编辑出版《中国大百科全书》的正式倡议书，送国家出版事业管理局。出版局请中国科学院和中国社会科学院会签，联名向中共中央提出《关于编辑出版〈中国大百科全书〉的请示报告》。原文如下：

我国迄今尚未编辑、出版一部大百科全书。这同中央、华主席的伟大号召，极大地提高整个中华民族的科学文化水平，向科学进军，建设社会主义的现代化强国，都是极不相称的。

大百科全书是总结和综述过去历史上科学文化的一切成就，系统地全面地介绍当今世界上各个学科的全部知识，特别是最新

---

① 姜椿芳：《关于编辑出版〈中国大百科全书〉的建议》，载《姜椿芳文集》第 10 卷，中央编译出版社 2012 年版。

成就的知识的总文库。大百科全书既是传播马克思列宁主义、毛泽东思想的重要工具，也是为迅速提高工农业生产而奋斗的有力武器。

西方各主要国家出版大百科全书，已有二百多年的历史。一般人常把是否出版大百科全书及其内容如何，作为衡量一国科学文化水平的标志。现在国外出版的百科全书种类多，数量大。美、苏、英、法、德、日等国，综合性的和专科性的百科全书，分别有几十种之多。最近第三世界国家也纷纷出版百科全书。

我国自古以来就有编纂百科全书型书籍的传统。《尔雅》是世界最古的百科性辞典之一。汉唐以来出了不少这类的书，宋代更见众多，明清两代则有《永乐大典》、《古今图书集成》、《四库全书》等卷帙浩繁的巨编。但中国历代所编的这些书，都属于类书或丛书性质，还不是现代工具书意义的百科全书。解放前出的旧《辞海》和近年修订补充的新《辞海》（先出按学科分册本，尚未出齐），也只是学科条目简单的辞书，离今天要求的大百科全书还很远。

伟大导师毛主席和敬爱的周总理向来重视字典、词典和大型辞书的出版，《辞海》就是在毛主席亲自批示，周总理亲切关怀下修订出版的。革命导师马克思、恩格斯、列宁都重视百科全书的出版，他们在自己的研究和著作工作中，都经常利用当时各国的百科全书，并且都曾为欧美重要的大百科全书写过不少词目。

根据我国目前的需要，我们建议尽早出版《中国大百科全书》。所以要"尽早"出版，一方面是客观需要，为了普及和提供高科技知识，为实现四个现代化提供必要的资料，这是一项刻不容缓的基本建设；另一方面是考虑到能够参加编辑工作的学术界力量，由于"四人帮"的干扰和破坏，青黄不接的情况十分严重：老的一辈接近衰老，新的一辈没有培养出来，此项工作，如果现在不着手，几年之后困难会更大，现在上马，则老的力量还可利用，通过工作也可培养出一批新的力量。当前，实际上也有快上速成的条件：许多外国较好的百科全书可供参考，大部分词目可以翻译，综合若干国家不同辞书的同类词目，经过我们加工整理，即可采用；一般词目从几千字到几万（少数词目可能有几十万字），由专家分别编写，所需时间不长。百科全书按学科分类编辑，也可早出成品，分册出书，均衡排印，不致为其他书刊排挤。

关于出版《中国大百科全书》的初步设想是：此书约四五十卷，四五千万字。百分之六十以上为自然科学。在出版《全书》之前，先出分科性百科全书，分科分类编写，编好一本即出一本，先在国内流通，请有关方面和广大读者提意见，修改后再出版综合性百科全书。设想《全书》从明年国庆三十周年时开始，陆续出版，以十年左右时间基本完成。

为了进行此项工作，须邀请全国各学科有成就有影响的专家，成立一个编委会（约五六十人），下设总编辑部，总编辑部下再设各分科编委会和编辑部。编委会是咨询机构，总编辑部是执行机构。编委会拟聘请胡乔木同志为主任，周培源、严济慈、陈翰笙、于光远、周扬等同志为副主任。总编辑部目前拟设在国家出版事业管理局，先成立若干人的筹备机构，拟调姜椿芳、朱语今、曾彦修等同志前来主持筹备工作。

为出版百科全书，要成立中国大百科全书出版社，该社编辑部约需人员二百到三百人，拟分批分期配齐，请中央组织部帮助解决，因所需专门人才的面较广，部分人员须由外地调入北京。

关于编辑方针和编辑条例等细则，容后报请审批。

以上建议是否得当，请批示。

1978年5月28日，党中央批准了这份请示报告。国家出版事业管理局根据党中央批示，决定成立中国大百科全书出版社筹备组。6月，姜椿芳四处奔走，开始了紧张的筹备工作。

7月10日下午，第一次筹备组工作人员会议在中央编译局后楼召开，参加这次会议的有姜椿芳、王纪华、阎明复、金常政、雷行、李庆文、严玉华和崔士敏八人。姜椿芳在会上说明了出版大百科全书的意义、方针和筹备方案。会议讨论了需要马上着手进行的几项工作，如临时的工作地点、经费、调集干部等。会后，姜椿芳向编译局借了一间办公室，作为筹备工作小组最初的立足点。

中国大百科全书出版社筹备组的成立，标志着《中国大百科全书》这座知识大厦开始奠基了，但这座知识大厦的建设者们还需思考和解决一些草创阶段的具体问题。据姜椿芳记载，在人事、经费、行政（办公地点）等方面，大百科的草创阶段进行得都很顺利。陈翰伯曾告诉姜椿芳，办出版社有三个条件：搞人事、管经费、办行政的人。依据这个建议，人事和经费方面，姜椿芳和阎明复一起去找文化部的严玉华（此前是《时代日报》的记者，曾和姜共事，此时刚刚退休）和财会人员李庆文（也已退休），以出版局的收发室为据点，并向出版局借了 40 元钱做花销用。行政（办公地点）方面，经当时国家出版事业管理局副局长王子野协助，从中国版本图书馆借用了其位于北总布胡同 32 号的三间堆放废书的库房，坐南朝北，两大一小。虽然十分简陋，但最初参加出版筹备的十几个人总算有了落脚之处[①]（这三间平房后于 1990 年拆掉，新建了两层小楼，现为版本图书馆的资料室）。

7 月 24 日，版本图书馆内，《中国大百科全书》编辑部第一次会议召开。这次会议主要讨论《中国大百科全书》总体设计、编辑出版百科丛书、内部刊物《百科全书参考资料》等问题，初步确定了《中国大百科全书》的卷数约为 40—50 卷，总字数约 5000 万字。

1978 年 11 月 18 日，国务院转发了《关于编辑〈中国大百科全书〉的请示报告》及其《补充报告》，批准成立以胡乔木为主任的中国大百科全书总编辑委员会，成立具体负责编辑出版工作的中国大百科全书出版社。

同时，除北京的总社外，1978 年 10 月还设立了大百科上海分社，社址为上海市仙霞路 333 号（原为古北路 650 号），历任主要负责人为陈虞孙、汤季宏、刘火子、王元化、罗洛、徐福生、何兆源。除设立办公室、计财室、出版部外，还设立了百科编辑部、年鉴编辑部、百科辞典编辑部、美术编辑室以及副牌"知识出版社"等编辑部门。同时成立了专职负责销售工作的"百科发行公司"和附属的"上海海

---

① 姜椿芳：《〈中国大百科全书〉及其出版社在草创阶段的一些情况》，载姜椿芳《怀念集》，奥林匹克出版社 1997 年版，第 380—381 页。

峰印刷厂"（曾用名"中国大百科全书印刷厂"）。

上海分社自 1978 年 10 月至 1993 年 10 月间除承担了《中国大百科全书》（第一版 74 卷）和《简明不列颠百科全书》（第一版 12 卷）的全部出版印刷发行任务外，还负责《中国大百科全书》中的《宗教》卷、《纺织》卷、《中国地理》卷及《农业》卷等分卷的编辑工作，编辑出版了 1980—1993 年的《中国百科年鉴》及《中国哲学年鉴》、《国际形势年鉴》、《中国百科辞典》等其他年鉴和百科全书读物。上海分社还以其副牌知识出版社的名义编辑出版了《现代化知识文库》、《多学科学术讲座》等系列丛书。

二、"抢救工程"

1978 年 8 月，中国大百科全书出版社筹备组的工作人员达到了二十余人。筹备组的另两位负责人朱雨今和曾彦修也先后从西安和上海赶到北京。后来，姜椿芳又聘来刘尊棋、倪海曙、唐守愚等。创建初期的这一批人几乎都是历次运动中屡经磨难，被姜椿芳"举逸民"而起于"草莽"之中的。他们在拨乱反正后重新焕发了精神，志在知识启蒙，敢于解放思想，团结在姜椿芳身边因陋就简，紧锣密鼓地探讨着怎样编好中国第一部百科全书。

这时候，姜椿芳已经做了大量的调查研究工作。他研究了古今中外百科全书的编排形式，并翻译出了《不列颠百科全书》第 15 版的《类目》，以及《不列颠百科全书》第 14 版和第 15 版、《苏联大百科全书》第 2 版和第 3 版、《拉鲁斯百科全书》等的全部条题（包括条头、学科分类、定性语、字数、插图数等），以供参考。

1978年8月开始，北总布胡同32号的库房多次召开会议，对百科全书的编辑方针和计划进行讨论。最终，通过了"《中国大百科全书》按内容分卷的初步设想（方案之一）"，即采取按学科大类分卷编写，总共包括47卷，其中科学技术方面27卷，社会科学方面18卷，索引2卷（后根据实际情况有调整，如根据姜椿芳日记记载，1979年调整为合计80卷，1982年又调整为合计75卷），以10年为期限，在1989年国庆40周年时出齐。

通常，百科全书内容的编排方法有字顺法和分类分卷法。当时，世界总趋向是按字母顺序进行编排，因为字母顺序法（或者按笔画排列的方法）便于读者检索。不过，姜椿芳认为我国当时的现实情况不适宜按照字母笔顺来编排：一是客观上急需分类分卷编写，可以编好一个学科（一卷或数卷）就出版一个学科。否则等到全部编写好，再按字顺编排（或者按字顺组稿，分头编写），出书时间会延长。二是因为十余年来科技文化人才的培养已经断档，现在已有的专家、学者由于自然规律在不断地减少，现在要进行刻不容缓的"抢救工程"——就是要把当时年事已高的学者们脑中的学问抢救出来，通过百科全书留给后人，分类分卷编写能在较短的时间内留下体系完整的知识。三是分类分卷出版后，使用者可以根据自己的需要和爱好选购部分作为业务工具和学习读物，而按字顺编排的就必须全套购买。

姜椿芳就"分类编排法"做了这样的阐释："所以采用分类编排法，还因为我国是第一次编纂百科全书，各学科的专家、学者，都是初次从事这项工作，集中力量把各学科分别编出，积累经验，为将来按字顺编排做准备，比较科学和合理。"①

当然，分类编排法也是有缺点的，主要是各学科之间在条目上有些交叉、重复。为了弥补分类编排这个缺点，每个学科按系统把条目编写好之后，仍按拼音字顺排列出书，另在卷首刊出一篇本学科的总论，在总论之后列出本学科条目的分类目录，读者借此可以看到各个学科的全貌。再加上卷末的汉字笔画索引、外文索引和分类索引，使用起来更加方便。

从最初制订《中国大百科全书》的出版计划，到计划的实施，姜椿芳反复强调："现在编纂的第一版百科全书，具有抢救的性质。"②

而事实也证明，姜椿芳的担忧是极有道理的，因为到他自己病逝前后，参加第一版《中国大百科全书》编纂的一些老前辈、老学者，如考古学家裴文中（1904.1—1982.9）、夏鼐（1910.2—1985.6），史学家郑天挺（1899.8—1981.12）、韩儒林（1903.11—1983.4）、尹达（1906.10—1983.7）、孙毓棠（1911.4—1985.9）、侯外庐（1903.2—1987.9），民族学家翁独健（1906.11—1986.5），国际问题专家刘思慕（1904.1—1985.2），国际法学家陈体强（1917—1983.10），经济学家钱俊瑞（1908.9—1985.5）、许涤新（1906.10—1988.2）……都先后离去了，而他们在《中国大百科全书》中留下了遗作，留下了他们的学术造诣。1986年，法学家潘念之（1902.1—1988.3）还笑着谈起姜椿芳怎样跑到上海，把总编委会委员聘书和一本特精装《法学》卷送上

---

① 姜椿芳：《〈中国大百科全书〉的编纂问题》，载《从类书到百科全书》，中国书籍出版社1990年版，第49—50页。

② 时任大百科全书出版社社长常萍和副社长翟富中在姜椿芳逝世后《给张安英的信》，载姚以恩、姜妮娜、姜抗生编《姜椿芳纪念文集》，中国大百科全书出版社2008年版，第228页。

门，但他也于姜椿芳病逝几个月后逝世。

所以，《中国大百科全书》第一版能及时付梓面世，成为当时世界文化发展的重大高峰之一，"抢救工程"的定位功不可没。

三、《天文学》卷先行

《中国大百科全书》出版的首卷，为何是《天文学》卷？姜椿芳曾说过，按着客观事物发生发展的顺序，"天"应该放在第一位。写历史，讲故事，都从"盘古开天"讲起。其实，真实的情况是《天文学》卷在当时来说，最有成书的条件，最有成书的希望。

"文化大革命"结束之后，中国天文学会在 1978 年 9 月首先恢复活动，并决定在上海举行天文学会学术年会。当时恰逢大百科全书决定以一卷先行开工，《天文学》卷自然被列入考量。根据参与过上海分社工作、《天文学》卷的编辑邓伟志回忆，这是因为当时很多学术观点还正在重新审视中，在有些领域还是之前的意识占上风。而天文争论较少，比较容易"集万卷于一书"。

得知中国天文学会将于 9 月召开天文学理事会年会，姜椿芳在不到一个月内两次飞沪。8 月 15 日，姜椿芳初次访问了上海天文台，和李珩、万籁等天文学家商讨《天文学》卷的相关事宜。

抵达上海后，姜椿芳为了寻求上海各界对百科事业的支持，四方奔波联系，忙得不可开交。除了工作日拜访市委领导、召开学术座谈、约请专家、晚上在宾馆接待络绎来访的朋友外，到了周日还要奔访故旧。与其同行的金常政回忆说，星期天一早陪他出门访友，从早到晚，脚不停步，竟一口气走访了 12 家。

9 月，天文学理事会年会召开，姜椿芳再次赴沪。根据中国大百科全书出版社筹备组"天文学科筹编工作座谈会纪要"的相关记录，9 月的天文学理事会年会上，姜椿芳应邀作了关于编纂《天文学》卷的报告。面对中国天文学界的专家们，讲台上的他不用讲稿，将百科全书的历史和现状娓娓道来，热切地分享研究心得，真诚地发出呼吁。他的发言长达两个多小时，充分展现了他渊博的学识和惊人的记忆力，古今中外、各个学科的各种事例、人名、年代、数字等如数家珍，通过他抑扬顿挫、亲切感人的语调和有力的肢体语言，吸引了与会的两百多位天文学者。会后，他还邀请参加年会的专家张钰哲、戴文赛、李珩等四十多人进行了专门座谈。

将天文学作为首卷的决定，获得了中国天文学会的全力支持和热烈响应。1978 年 10 月初，在大百科全书总编辑委员会第一次主任、副主任会议上，原则批准了以《天文学》作为首卷的方案。

《天文学》卷由全国著名的老一辈天文学家主持编写。编委会主任是南京紫金山天文台台长张钰哲，副主任是南京大学天文系主任戴文赛、上海天文台原台长李珩、北京天文台原台长程茂兰、北京天文台台长王绶琯。编委会成员有著名天文学家叶叔华、陈遵妫、邹仪新、易照华等。近一个月时间内，在《天文学》卷编委会下组建了 12 个分支学科的分委员会，任命了各个分委员会的主任和副主任，并由分委员会提出并确定了各自的条目。1978 年 12 月 28 日，编委会和北京地区撰稿人座谈会举行，姜椿芳主持，并说明了编写体例。

编纂工作紧锣密鼓地展开了。1979 年元旦后，《天文学》卷的框架在上海被确定，两百余位天文学者和专家齐齐动手。两个多月后稿子完工，交给 12 个分支学科主编分头审阅。1979 年 5 月，《天文学》卷编委会在苏州东山的雕花楼召开，对稿件进行学术审定。这次会议上颇有争议的一个问题是在世人员上书问题。在确定框架时提出张钰哲、李珩、戴文赛、程茂兰四人上书，但东山定稿时，戴、程二老已去世，最后定戴、程加黑框上书，再增加陈遵妫、王绶琯两人。根据《姜椿芳和百科全书编纂工作》一文的介绍，在此之前，在世人物上书是一个敏感的问题，各种辞书均回避不提，可谓工具书中的"禁区"。根据姜椿芳领导制定的"古今中外人物要权衡其历史影响和学术成就选列条目"的编辑方针，《天文学》卷率先突破了这个禁区，给四名在世的中国天文学家列了条目。同时，还出现了一位成就相近的国民党人张云上书的问题。张云曾是法国里昂大学天文学博士，回国后在中山大学任教授，创建中山大学天文台，但他是国民党立法委员，广州解放赴台湾后回香港。十年浩劫期间有人曾因和张有关系而受到审查。编委会主任和副主任进行商量后认为可以在有关条目中提及他的贡献。姜椿芳得知后，认为应该上书。这在当时是冒了风险的[①]，可正是这种求真务实的精神为我国第一部大型综合性百科全书赢得了声誉。

《天文学》卷的编纂具有开创意义，离不开天文学界科学家们倾力奉献。当时全国天文学界的著名学者和研究者都集合在大百科的旗帜下。南京大学天文学系戴文赛在学术上一丝不苟，逝世时床头上还摆着他正在修改的学科条目。北京天文台王绶琯把《天文学》卷的框架图解得一目了然，令人折服。紫金山天文台台长张钰哲一心扑在天

[①] 周志成、林盛然：《姜椿芳和百科全书编纂工作》，《百科知识》1988 年第 3 期。

上，说起天文来思路天马行空，可在日常生活中却寡言少语，不善辞令。

这里还要提及一个虽小却牵一发而动全身的细节。《中国大百科全书》的首卷编纂工作既然启动，那么发通知、上报等，都要涉及《中国大百科全书》各卷书名怎么写的问题。当时，中国大百科全书出版社总社和上海分社五六位领导集中在上海衡山宾馆，商议这个问题。姜椿芳要上海分社的邓伟志分别征求各位领导的想法，汇总讨论。征求的结果大体上有这样几种意见：一为《中国大百科全书　天文学卷》；二为《中国大百科全书天文学卷》；三为《中国大百科全书天文学》卷；四为《中国大百科全书·天文学》卷。四种意见汇总后，姜椿芳思考片刻，指着第四种说："还是这个比较好！"表态后，姜椿芳问邓伟志，这个是谁的意见。得知是陈虞孙的意见后，姜椿芳让邓伟志再把他的想法告诉其他几位领导。于是后来出版的《中国大百科全书》各卷，都沿用了这一形式。

姜椿芳对《天文学》卷的编纂，既做了大量的组织工作，又直接制定框架，分支审稿、条目加工、成书编辑，每一过程他都参加，为编辑人员解决疑难问题。此时，他的眼疾严重，工作要靠放大镜。定稿发排后，他专门坐二十多小时的长途汽车，从上海赶到皖南山区的印刷厂，向工人做报告，希望他们做好百科全书的排版、印刷、装订工作，并就地解决排印的问题。工人们不负众望，《天文学》卷获得了印刷质量奖。

行文至此，也顺带交代一下出版印刷方面的事情。姜椿芳在20世纪四五十年代曾主持过时代出版社，对编辑和出版的整体流程有着深入的了解和丰富的经验。《天文学》卷的编纂已经起步，成书也指日可待，那么解决出版印刷问题就应早日提上日程。当时有同志提出在北京设立印刷厂和出版部，但是在巨大的财政压力面前，实际条件并不允许。首先就客观上讲，《中国大百科全书》有很多专业符号和字母，当时全国只有科学出版社印刷厂、上海商务印刷厂和安徽绩溪海峰印刷厂有那么多的字模。

于是经过多方面反复磋商后，姜椿芳还是决定在上海寻求出路。他在上海出版界的老朋友陈虞孙、汤季宏等的支持下，接收了安徽绩溪海峰印刷厂。编书和出版分在两地，当然不免有许多麻烦和困难，但舍此谁也想不出别的更加多快好省的解决办法。

国家出版局还专门进口特大规格的纸来保证《中国大百科全书》的印制。后来，考虑到我国国内书柜、书架、书橱的尺寸规格这些实际情况，在装帧设计上才忍痛采用了正度16开的版本。《中国大百科全书》的装帧设计是请第一部《中华人民共和国宪法》、《红旗》杂志创刊号、毛泽东著作单行本、《列宁全集》、《马克思恩格斯全集》、《马克思画传》等书刊的装帧设计者、著名书籍设计艺术家张慈中设计的。封面简洁大方，庄重典雅，没有一线一点的装饰，没有添一点色彩，书名、学科名是用凹凸光感传递出来的，素净、平淡，不艳、不俗。四条装饰纹样将书脊从上到下分成三段，上段直排书名，中段横排学科名，下段是书徽。书徽是专门设计的，采用中国古老的瓦当形式，内部嵌入"中国百科"和一支指南针，取意"中国百科是知识的指南"。精装本环衬用的白色压纹纸是张慈中与有关部门共同研制开发出来的新产品。

1979年年底，《天文学》卷全书的上千条词目撰写完成。1980年夏秋，位于皖南山中的海峰印刷厂同时开始排印大百科的首卷《天文学》卷和上海分社编的《中国百科年鉴》，年底出版。

《天文学》卷有 807 幅插图，其中 100 多幅是彩色的，纸张专从国外进口。全书有条目 1208 个，154 万字，包括天文综述、天文学史、天体测量学、天体力学理论、天体物理学、天文仪器、射电天文学、空间天文学、太阳和太阳系、恒星和星际物质、星系和宇宙学等十多个方面的天文知识。此书出版后在国内外迅速受到关注和好评，英国学者李约瑟、美国学者道格拉斯·林都曾著文赞美，国际著名学术期刊《自然》刊登主编巴罗的书评，在书评中他称赞《中国大百科全书·天文学》卷是一部高质量的著作，媲美同类的英、美、德、法诸国的天文大百科全书。这也极大提高了《天文学》卷在海内外的知名度。

四、求实求是的编辑原则

《天文学》卷作为《中国大百科全书》的"试制品"，从 1978 年 8 月开始调研到 1980 年 12 月出书，一次性成功，开了个好头。此后《中国大百科全书》的编辑工作步入正轨，许多学科卷相继上马。出版社的规模也得到了发展。1978 年底的时候，编辑部已经有三十多人，却只有打通的三间平房作为办公室，除了书架，只能非常拥挤地摆上 17 张办公桌。出差的自然不坐了，在家的，有时一桌三人共用。后来搬到史家胡同一个独门独院办公，仍然没有食堂，甚至没有卫生间，只街对面有一个公厕。条件差，工作上有更多的困难，姜椿芳时常打趣编辑们说，大家选择编百科全书这项工作是"自投罗网，自找苦吃"。而百科编辑们在姜椿芳的精神鼓舞下，共同艰苦创业，了解自己工作的意义，丝毫不觉得苦，大家意气风发，充满朝气。在姜椿芳的倡导下，社里没有"官"，一律以同志相称。有人喊他姜老，他让大家叫他老姜。那时候他没有专用的总编辑办公室，除了领导层的有关会议外，他的身影更多地活跃在各个编辑组里。

人员扩充了，就又向同院的人民美术出版社借来外院木结构楼上的房间，编辑部遂有条件分开为科技组、社科组和编译组。

中国大百科全书出版社后来的临时社址有东城史家胡同 8 号和安定门外外馆东街甲 1 号。现在的阜成门社址新楼，是在全书已出版过半的 1987 年底才启用的。

姜椿芳积极奔走于各个学科，尊重客观事实、开阔学术胸怀，确立了以客观事实和成就论述的大原则，并将其传递给编辑和专家学者。

姜椿芳求实求是的编辑原则首先体现在学科出版先后的分配上。他在这方面颇费心血，而且会根据思考研究和实际情况进行调整。继《天文学》卷编辑出版工程之后，社会科学方面的工作重点经历了从《考古学》卷转到《法学》卷。建国后，考古学界恢复了考古发现和探索，在技术上也有很大的进步，这一段时期也被称为中国考古学开国后的"黄金时代"，许多重要的考古发现引起世界的关注，加之中国的百科全书应当充分反映中国的特色，姜椿芳提出在社会科学方面先编定《考古学》卷。

不久，他的思路发生了变化，认为先着力编写《法学》卷更为适当。这是由于《天文学》卷在空间上十分遥远，再出《考古学》卷在时间上又那么遥远——《中国大百科全书》力求为四个现代化服务，不能在一开始给读者一个脱离现实的感觉。在加强社会主义法制、加强人民的法律意识方面，《法学》卷要发挥百科全书应起的作用。后来的事实也证明，《法学》卷在当时法学教育恢复时间不久、法学专业的书籍和辞书极其缺乏的背景下，为我国法学教学与科研水平的提高做出了巨大贡献。许多法学院校都将它作为法学老师们必备的教学工具，几乎人手一册。

姜椿芳在编写过程中也事必躬亲，非常关注编纂是否有困难和问题。"姜老非常关心《法学》卷的工作，常常来问进度，问有什么困难，需要解决什么问题。有问题报告给他，随时了解，随时解决。例如，对魏玛宪法应不应当加书名号，争论双方意见相持不下。不主张加的认为这不是正式名称。姜老认为要加。他说虽然不是正式名称，但比它的正式名称更为人们所熟悉，是法，就应当加。……这样，读者一见有书名号，就可以知道所指者不是书刊报纸，就是法律、条约，很明确。"①

他求实求是的编辑原则还体现在"让最合适的人写最合适的条目"上。改革开放初期，思想的禁锢还很厉害，尤其是法学领域，所以，一个思想开放、敢于负责的《法学》卷主编十分重要。著名法学家张友渔被恰当地放在了这个岗位上。可是到了《法学》卷发稿前，还有人心有余悸，怕出事，遂提出对"无罪推定"条目加些批判语。总编委会副主任、《法学》卷编委会主任张友渔在编委会上明确指出：资产阶级革命初期反对封建司法专横，提出"无罪推定"等原则，在历史上具进步作用，是司法文明战胜司法专横、刑事诉讼制度走向民主

---

① 石磊、邱国栋、张遵修：《姜老永远同我们在一起——悼念中国大百科全书出版社顾问、原总编辑姜椿芳同志》，《百科知识》1988 年第 4 期。

的标志，因此这个条目不必加什么批判。于是，"无罪推定"条未加批判地出现在《法学》卷上。后来 1997 年修订的《刑事诉讼法》将"无罪推定"明确下来。此时再反观当时，如果给"无罪推定"加了批判，那就闹大笑话了，由此也可见出张友渔在那个时代做出这种决定的勇气和魄力。

对于一些史实类词条，则尽可能邀请亲历者来完成。如钱学森执笔《军事》卷中的"导弹"条目，聂荣臻元帅撰写"南昌起义"条目，由中共中央文献研究室撰写、胡乔木修改、邓小平亲自审定"毛泽东"条目，由徐向前元帅秘书撰稿、徐帅亲自审定"四方面军"条目。

对于一些可能涉及争议的人物，他也按学术成就和做出的贡献做客观介绍。当时，《考古学》卷根据他的意见选收了在中国考古学史上具有重要地位、当时居留台湾的一名学者。另外，《体育》卷的一名运动员曾经多次为祖国赢得荣誉，只是十年浩劫时"失足"，他认为这个运动员知名度很高、多次获得世界冠军，应当客观地介绍他的情况，设立专条。这两个条目成为以后各学科卷选收人物条目的先例。①

1984 年，姜椿芳在回应《人民日报》读者的问题时，这样写道："《中国大百科全书》的编辑方针是以马克思列宁主义和毛泽东思想为指导思想，即坚持辩证唯物主义、历史唯物主义，客观地、实事求是地介绍各学科知识，不作一家言，反映实际存在的不同见解。对古今中外的人物，不论故世的或健在的，均按学术成就和贡献加以客观的

① 石磊、邱国栋、张遵修：《姜老永远同我们在一起——悼念中国大百科全书出版社顾问、原总编辑姜椿芳同志》，《百科知识》1988 年第 4 期。

介绍，不以政治观点抹杀学术成就。"①

这在当时的环境下，需要极大的胆量和魄力，这也反映出他开阔的学术胸襟和眼界。

五、"部件、零件和元件"——百科条目

姜椿芳非常重视百科条目的撰写。他将百科的词条比喻为机器的"部件、零件和元件"：

> 百科全书的条目，虽然不是完整的文章，但它本身却有自身的完整性。关于百科全书的条目，可以打个比方：百科全书像是一架机器，它由各种部件、零件、元件组装起来的。而机器的部件、零件和元件都是分开的，按次序把它们排列起来，有大有小，有上层次有下层次。这些部件、零件和元件就是百科全书的条目。……要把条目写好，就要考虑到条目之间的相互关系和衔接。衔接起来才能成为体系，就像机器的零部件组装起来能够运转一样。②

这一陈述说明了百科条目具有自身的完整性，在编写时需要考虑

---

① 姜椿芳：《有关〈中国大百科全书〉的几个问题——答〈人民日报〉记者问》，原载《人民日报》1984 年 11 月 29 日第 8 版，收入《从类书到百科全书》，中国书籍出版社 1990 年版，第 46 页。

② 姜椿芳：《怎样编写百科全书的条目》，载《从类书到百科全书》，中国书籍出版社 1990 年版，第 79—80 页。

到各个词条之间的完整性，使其可分可合，同时参见词条需要和相关词条有合理的衔接。

百科条目是百科全书基础的组成部分，10万条目应当如何安排？内容应当如何取舍？采用什么样的体例？编辑方针直接决定着体例和条目的编写。1982年，姜椿芳和金常政在《辞书研究》第三期发表的《百科全书释文的撰写》一文中，详细论述了百科全书的编辑方针。具体而言，主要应当考虑以下几方面。

第一，百科全书主要适于高中以上，相当于大学文化程度的广大读者使用。

百科全书是工具书，工具书读者（严格说应称为查阅者、使用者）的需要与一般书读者的需要迥异。百科全书给读者或者查阅者提供的信息并非随手翻翻就可以一目了然的，而是读者遇到了问题，经过思考后而不得其解才来查阅的，需要有较为纵深的水准。因此百科条目的释文一般采取三段叙述式，即：定性叙述——基本事实——参阅资料。这样才能满足不同读者的需要。

第二，需要理解何为百科全书的"全""精""新"。

"全"主要指包罗人类的知识领域要全、主题要完整，这是针对重要疏漏而言的，主要靠概括达到。

"精"指的是精确、精炼。在随后于1983年召开的音乐学科编委会的成立大会上，姜椿芳在发言中明确指出，"精确性是百科全书质量的第一标准"。他认为词条的呈现应是把"各种知识的最基本的内容简单扼要地写出来，竭力浓缩"。①

---

① 姜椿芳：《百科全书是你的良师益友》，《百科知识》1984年第1期。

"新"是指条目的内容不同于新闻、情报或国外的商业宣传，必须有所筛选，取用那些已经经过学术界肯定的东西，而非竞新猎奇、标新立异。

第三，一定要突出我国内容。

姜椿芳特别指出，《中国大百科全书》的最大特点是"突出中国的内容"。他如此强调编辑方针："全书要有中国的特点和风格，重视对我国历史文化遗产和科学技术成就的介绍。……百科条目的撰写，一般说应是在全人类知识的背景上较为充分地介绍我国的知识内容，而不是脱离这个背景，更不是局限于我国的现状和发展水平。"换言之，《中国大百科全书》要充分介绍中国过去和现在的文化和科学技术的实际情况，并适当地反映各发达国家的情况，特别重视发展中国家的历史和现状。

为百科全书撰写条目有"四难"：首先是要受到较多的限制，下笔并不自由；其次，要避免个人倾向性，必须客观公正地介绍；再次，要不厌其烦地收集资料和查对；最后，要时刻考虑读者查阅的便利性。这是因为，百科全书向人们提供的是"标准的知识"或"知识的标准"。姜椿芳认为，"它提供的事实和数据必须是经过反复核对的，有根有据。它对事物的陈述不是片面偏颇之见，而是博采众家之说。因此搜集荟萃和核对勘定的工作，往往比写作本身不知要多花多少倍的力气"。

百科全书卷帙浩繁，用一部书向现代读者介绍人类一切有用的知识。姜椿芳列举了以下几种百科条目释文应避免的问题：

1.水分。百科条目里的水分指的是空话、套话、不言自明的大实话、大道理，以至"穿靴戴帽"、文牍用语，一句话，就是一切不给人实在知识的叙述。

2. 跨疆越界的内容和离题的话。百科全书的全部条目合起来形成完整的知识体系，因此总体框架设计预先决定了每个条目的核心内容和疆界。越界就会和邻条重复，离题便是多余的冗言。

3. 作者的个人议论、褒贬、评价以至于"大批判"。百科全书并不回避对人、事、物进行评论，但一切议论和评价都必须以权威文献为依据，而且不能因作者个人的好恶决定取舍。

4. 勉强引用的语录和口号。

5. "过期无效"的或不稳定内容。钻热门，赶时髦的东西往往经不住时间的考验，是百科条目所不宜取的。

6. 艺术性的描写，含蓄蕴藉，弦外之音，转弯抹角，故弄玄虚。百科全书应用直接明了的语言，不宜让读者到字里行间去寻找知识。

7. 欧化的语句，诘屈聱牙的古文，或文白夹杂的叙述。

8. 繁琐的考证和公式推导。[①]

有了对条目的基本认识和定位，又该如何把条目组合呈现？根据姜椿芳在《中国大百科全书》第一版《语言文字》卷的"百科全书"词条中的陈述，我国采用的是中、小条目为主的编纂方式，数字在数百字到数千字之间。

百科全书除了具体的条目外，为扩大全书的功能，还编有各种附

---

① 姜椿芳、金常政：《百科全书释文的撰写》，《辞书研究》1982 年第 3 期。

属内容（辅文）。其中最主要的是索引和各种知识性与资料性附录，增加寻检的方便和扩大百科全书的功用。主要包括以下内容：

　　百科全书的前言说明全书的编辑方针和宗旨，凡例解释全书的编辑体例和使用方法。有的百科全书在正文之前编有条目分类目录，有的百科全书在正文之后编有"学习指南"。新版《不列颠百科全书》单独编 1 卷"百科类目"。它们的作用是向求知的读者介绍知识的体系，向寻检的读者提供分类检索的渠道。

　　插图是重要的形象化手段。丰富和精美的彩色插图已是现代百科全书的一个重要标志。不过，成年人用的综合性百科全书仍是以条目释文为主，插图只是释文的附属成分。但有的普及型的和少年儿童的百科全书则以图片为主体，释文反而成为图片的补充，如英国的《知识之乐百科全书》（美国版为《兰登百科全书》）。

　　参见系统把分割拆散的知识（条目）沟通起来，是条目之间穿墙越壁的渠道。读者借参见系统可能把一个主题有关的知识系统化起来。参见可用文字表示，更多的百科全书是用符号（如箭头）表示。《中国大百科全书》用与正文不同的字体（楷体铅字）表示参见。参见条（无释文的条头）也是参见系统的一部分。

　　参考书目是百科全书开向书籍海洋的一个窗口。大多数百科全书是在重要条目释文之末附参考书目，但也有的百科全书把参考书目分类集中编在书末（如美国《科里尔百科全书》）。

　　索引是百科全书最重要的附属成分。它是百科全书的总"钥匙"。百科全书最主要的索引是主题分析索引，即编者对条目释文进行分析，把其中一切有名可查、有事可考和有数可据的知识信息选作主题，加以标引，按某种检索次序（一般是字母顺序）编排起来，注明卷次、页码，有的百科全书还注明版面区域。大百科全书往往把索引编成单独的一卷。

地图集也是大百科全书常附的重要附属部分。各种名单，如编委会、编辑部、学科顾问名单往往是百科全书权威性的一种标志。①

另外，面对不断更新的知识，百科全书通用的办法有三种：一种是进行"再版修订"，隔一段时间（10 年左右）再版时把全书条目修改一次；第二种是进行连续修订，每隔一两年重印一次，只把需要修改的条目进行修订（全书的 5%—10%），其他保持原状；第三种是"补卷法"，即把更新条目编印成一两卷，作为原版的增编。我国采用的是第三种方式，每年会出版一卷《中国百科年鉴》，反映一年来的变化，主要是经济生产等方面统计数字的变化和更新的知识。

六、戮力诚心聘人才

一部百科全书的编纂不可能仅仅依靠几人之力完成，因此对作者（参与者）的组织最为重要。百废待兴时，要迅速组织起一支编辑团队，打通各行各业学者专家资源，困难重重。

年近古稀、疾病缠身的姜椿芳四处奔走呼号，有会必到，利用各

---

① 姜椿芳：《百科全书——为〈中国大百科全书〉试写的条目》，载《从类书到百科全书》，中国书籍出版社 1990 年版，第 101—102 页。

种场合和机会大声疾呼，动员组织全国专家、学者和一切饱学之士携起手来，共同营造《中国大百科全书》这座巍峨宏大的知识长城。

姜椿芳用他的真诚和虔诚感动了学界，将许多蜚声中外的专家学者团结在《中国大百科全书》的旗帜之下。我们看到：张珏哲、戴文赛等天文学界泰斗担任了《天文学》卷编委会主任、副主任；北京大学副校长季羡林于百忙之中出任《外国文学》卷编委会副主任和南亚文学主编及《语言文学》卷编委会主任；尚未摘下"右派"帽子的钱伟长担任物理学和力学两个学科卷的编委和编委会副主任；钟敬文出任《中国文学》卷编委会副主任并兼任民间文学分支主编；年事已高的茅盾应邀成为《中国文学》卷编委；茅以升担任《土木工程》卷分编委会顾问；学术上有不同见解的苏步青和华罗庚同时出任《数学》卷编委会主任。

姜椿芳想方设法，积极奔走，聘请到众多领域的国内顶尖专家、学者参与到百科全书的编纂，体现了高明的编辑组织艺术和精诚的编辑精神。他不仅直接从宏观上决策，制定编纂的方针和体例等，而且从组稿到案头编辑，身体力行地投入到实际工作之中。尤其是在各学科卷起步时，姜椿芳例行的一件事就是到各学科的专家会上讲话，说明编百科的必要性与迫切性，希望大家积极参与编撰工作。在这些会上，他最常提到的就是这样几个例子：1972 年我国恢复了在联合国的席位，但联合国图书馆里陈列着各国的百科全书，唯独没有我们的；"文化大革命"期间圣马力诺送给我们一套百科全书，而当时我们能够还赠的国礼，只是小小的一本《新华字典》。每当他讲到这里，在座的可爱可敬的老一代爱国知识分子无不被深深地打动。座中有融会古今中外的最权威的大师，有学术造诣极深、在国际上具有很高的知名度而受到世界学术界敬重的学者,这些能编撰出代表国家水平的百科全书的作者们被姜椿芳热情而诚恳的讲话极大地激发起了编纂百科全书的积极性。姜椿芳就这样把全国学术界团结了起来。

为了体现对专家学者的尊重,患有青光眼,视力微弱的姜椿芳往往不顾行走极不方便的身体状况,亲自登门拜访、邀请。1984 年底和 1985 年初,姜椿芳在女儿姜妮娜的搀扶下,亲自给每个担任总编委会委员的专家送聘书。寒冬腊月,亲自登门,送上聘书,还非要鞠上一躬——这个看起来有些迂腐的"仪式",曾经给许多专家学者留下了难忘的记忆。

去季羡林先生家那天,北京的大雪浩浩茫茫,姜椿芳和一位同事顶着严寒敲开了季羡林家的门,亲自为季羡林送来中国大百科全书总编委会委员聘书。不巧季羡林出门在外,只有季夫人在家。姜椿芳在说明来意之后,虽然没有看到季羡林,却依然捧着聘书,认认真真向季夫人深鞠一躬,递上聘书。季夫人连连说:"您太客气了,快别这样!"而姜椿芳却回答:"等季先生回家以后,请您务必也像我这样把聘书交给他。"

他还先后如此拜访了曹靖华、陈冰夷、戈宝权、卞之琳、杨周翰、李赋宁、王佐良、李健吾、罗大冈、闻家驷、田德望、杨宪益、叶君健、楼适夷等《外国文学》卷的顾问、编委,其中许多人是他的老友。有的老友看姜椿芳操劳奔波,似乎不知疲倦,十分心疼故人,拍着他的肩膀说:"放心吧,老姜!我们会尽力的。"就这样,第二个启动的学科卷《外国文学》卷紧锣密鼓地动工了。这一卷的人马也都是学科巨擘,冯至挂帅,担任外国文学编辑委员会主任,季羡林、叶水夫任副主任。下分 14 个分支编写组,其中德语荷兰语文学组主编为冯至，严宝瑜任副主编，成员有叶逢植、张黎、范大灿和绿原。

《戏剧》卷开卷时，姜椿芳带着责任编辑白岩在寒冬亲自去住处拜访葛一虹，希望他可以担任外国戏剧部分的编纂领导工作。葛一虹当时任中国艺术研究院话剧研究所的负责人，且身兼译著任务，十分繁忙，故他原本对这份邀请心有顾虑。姜椿芳本身视力不佳，葛的住所在顶层，楼梯狭窄阴暗，一步一步上到门口时，已经大汗淋淋、气喘吁吁。葛一虹见此情形十分感动，同意了参加《戏剧》卷的工作。后来，《戏剧》卷的 36 位顾问和编委中，姜椿芳亲自登门邀请的就有20 位。

上海辞书出版社编审、老友耿庸对姜椿芳不辞辛劳礼聘人才也印象深刻，他回忆道：

> 老姜害着一年比一年沉重的青光眼疾。1983 年，他还能纸张几乎贴着鼻子地看稿，跨过倪海曙家那个好像防水用的木板门槛还自在自如；1984 年，他走平地还可以，进出电梯的门就得有人帮着扶一把迈出一大步，吃饭时候就需要别人帮他把菜夹到他眼底下那只小碟里，菜吃光了还在用筷子摸索。也就在这一年全国政协会议的日子里吧，在远望楼，有天晚饭后我在看日报，老姜忽然来说，要是我有空就陪他到下边三楼去找个人，帮他看他看不见的那人住房的号码。到我这儿来则是因为走熟了，知道走过几个房门就是。我陪他去了，他没等坐下就同那人谈起《中国大百科全书》哪一学科的稿子修改问题。坐在一边的我直觉得那个差不多和我一样少老姜十岁的人很傲慢，老姜也简直把我忘记了。出了那个房门，他仿佛料到我的思绪，说："把你晾在一边，

别见怪，我想你用不着认识他。"我说："你为什么不请他来找你？"得到的回答却是："他是科学家，我请他给大百科编写稿子，应该由我找他。"①

姜椿芳不仅善于协调专家加入《中国大百科全书》编撰队伍，也善于做工作让心存怀疑的学者转变认识，加入作者的阵营。《中国大百科全书》刚刚启动的时候，桥梁专家茅以升在《人民日报》上发表过这样的观点：我国还不到编百科全书的时候。这一言论着实带来一些影响。但后来，经过姜椿芳的努力，茅以升居然来参加了《中国大百科全书》总编委会，而且还担任了土木工程卷学科编委会的顾问。

姜椿芳和副总编辑阎明复敢于承担风险，为百科全书的编纂事业"收纳"了一大批专业人才。

加入编辑《中国大百科全书》队伍之前，黄鸿森正在北京郊区门头沟"深挖洞"——由于年纪大、力气不够，他的工作是推车。此时，黄鸿森原来的工作单位北京编译社被撤消，个人的政策没有落实，进商务印书馆未果。一天，他在北京图书馆查资料时，遇到了老友金常政。经过金常政、张曼贞伉俪的推荐，时任中国大百科全书出版社副总编辑的阎明复"接见"了黄鸿森。见了面，阎明复要他下定决心参加百科事业，不要再找其他单位了。

中国大百科全书出版社建社初期，就有四个"有问题的人"当上了副总编。其中，刘尊棋是局部平反，暂时没有明确身份就进社的；周志成也是"右派"，此前在新疆"流放"了18年。因为老引进"成

---

① 耿庸：《姜椿芳这个人》，《文汇报》1994年2月21日。

分有异议"的人，人事部门负责人有意见，认为出版社用人不讲阶级路线。阎明复回应说，编百科全书要用有学问的人，如果感觉不合适，你可以到别的地方去工作。

编辑队伍如此，撰写队伍也是如此。著名力学家钱伟长教授1957年被打成"右派"，1979年还没有被正名。中国大百科全书总编委会还是邀请他担任了《物理学》卷和《力学》卷的编委会主任。

第一部《中国大百科全书》的问世，是"不拘一格降人才"的结果。刘尊棋此后回忆，他在编百科全书过程中难免会与姜椿芳产生激烈争论，但对事不对人，后来一起合作十分融洽。他认为姜椿芳的突出优点是尊重别人，尊重和自己持不同甚至相反意见的人。这也是他能团结这么多学者、专家共同编辑《中国大百科全书》的重要原因。

七、胼手胝足苦耕耘

伴随着《天文学》卷和《外国文学》卷工作的顺利开展，姜椿芳更加忙碌。他逢会必讲，满怀深情地反复强调为什么要编纂百科全书，常常一讲就是两个小时。由于眼疾，他往往不拿讲话文稿或提纲，然而不但逻辑严密，而且各种人名、地名、数字都准确清晰。

1979年，年逾古稀的他视力每况愈下，他常常拿着放大镜在桌边审稿到深夜。在姜椿芳的殷殷关照下，百科全书编纂的进程被迅速推进，《物理学》、《法学》、《宗教》、《中国文学》、《力学》、《体育》、《考古学》、《矿冶》、《数学》等卷纷纷启动。姜椿芳依旧频频亲自出马请各学科的学术带头人出山，洽谈各个编委会人选，又在各个学科筹备会上宣讲大百科编写体例，常常是上午参加一个会，中午在办公室的沙发上稍作休息，下午再赶往另一个会，晚上回家还要继续思考阅读和审稿。

1983年4月21日，文化部党组对中央宣传部1983年4月11日（83）干任字27号文关于姜椿芳、常萍同志任免报告批复，中央同意下列同志的职务任免：姜椿芳同志任中国大百科全书出版社总编辑，常萍同志任中国大百科全书出版社社长。7月15日，国务院总理发出任命书，正式任命姜椿芳为中国大百科全书出版社总编辑。

次年，《纺织》卷、《法学》卷和《矿冶》卷渐次出版。《法学》卷问世时，中国正在普法的开端，许多与法律和法制有关的单位开着卡车来买书，据说买回去后人手一册。也有法学家笑言，拨乱反正后中国的法学研究是从百科全书起步的。

各卷能够顺利、快速地出版，与姜椿芳统筹整合、默默做了许多背后的工作密不可分。以《法学》卷为例，他很关心编辑工作进度，一次又一次要求《法学》卷尽快发稿。编辑们向他表示，其他方面没问题，但存在一个拦路虎——核对资料工作十分繁重，难于短期完成。姜椿芳为解决这一实际困难，一方面聘请上海法学所研究员程辑雍和北京大学国际法研究所研究员田如萱担任特约编辑，分别核对宪法和国际法书稿中的资料，同时在社内加强了法学编辑组核对资料的力量，从最初四人到最多时十几人，使全卷得以核实资料几万处。人一多，15平方米的办公室就容纳不下了，只好租远郊区一处招待所办公。1983年初，姜椿芳乘一辆面包车来到招待所，还带来美编、图书馆、财务、总务等各方面同志，要求各部门为《法学》卷"开绿灯"，从各方面支持这一卷的工作。

姜椿芳长女姜妮娜回忆，姜椿芳在出版社内的日常工作状态，往往是这样的：

> 父亲到出版社后，或与社领导讨论社内工作，或向总编室同志了解各卷的编辑进度，或让各卷编辑组到自己的办公室来汇报，或到各卷编辑组去看望大家，或坐在自己办公室抽审某些卷的重要条目。父亲以只争朝夕的精神，把《全书》所包括的七十多个学科和知识门类共七十五卷的编辑工作的绝大部分都陆续展开，几乎是齐头并进，因此，每个编辑部要负责好几卷的编辑工作。父亲要求各编辑部定期汇报工作，请他们一个接着一个地到办公室来汇报，一上午不间断地听汇报和讨论，上午来不及，下午继续。因为父亲的青光眼病，眼压较高，眼睛张着累，他常闭着眼睛听。我在旁边以为父亲太疲劳而睡着了，所以轻轻地推他一下。这时汇报人刚说完话，父亲就总结了汇报人提出的问题和困难，并一一指出解决的办法。原来，父亲没有睡着。父亲喜欢抓第一手的资料，不喜欢听间接的汇报。某些编辑部遇到问题，常要父亲陪同他们一起去找专家、学者商量编撰工作，他从不推辞。①

他的辛劳家人看在眼里，疼在心上，可却也知道他的心愿，无可奈何，只能任他奔波。五女姜岩（姜望娜）回忆了那段时光：

---

① 姜妮娜:《在父亲身边的日子里》，载姚以恩、姜妮娜、姜抗生编《姜椿芳纪念文集》，中国大百科全书出版社 2008 年版，第 334—335 页。

　　白天他照常去上班、开会、处理社里的工作，下班回家已是精疲力竭。吃了晚饭，第一件事，就是要我们给他念当天的《人民日报》《参考消息》各版各条消息的标题和重要文章，以及各种信件，然后就伏案工作至深夜。我们经常看到父亲在刺眼的灯光下拿着放大镜一行行地查阅各种资料。节假日时，除了有朋友来看望他外，父亲照例工作着，牺牲了自己无数的休息时间，眼睛的视力越来越差。有时资料上的字太小，笔划又太多，放大镜已放得很大的字，父亲仍是看不清，就让我们帮助看一下，我们不忍心地说："让我们念给你听好吗？"父亲总是固执地说："你们有自己的事要干，还是让我自己慢慢地看吧！"相比之下，写文章要比看书简便些，一旦构思成熟，父亲就可不再借助放大镜，急书于纸上，字迹依然那样清晰，只是他看不清自己写的字。每行字都是习惯性的左高右低，行与行之间都留了距离。有时也会出些小差错，一行最后一个字的一半会写到下面铺垫的纸上，偶尔也可能将邻近的两个字重叠一部分。写完后，父亲总是要大姐给他念一遍，修改检查后才放心。

　　父亲还患有其他疾病，但他不问寒暑、不辞劳苦，由母亲或大姐搀扶着乘飞机、坐火车或轮船，北起黑龙江，南至琼崖，西自乌鲁木齐，东至登州、江浙，无不有他的足迹。他不厌其详地宣传百科工作的重大意义；苦口婆心地请专家、学者参加编写工作，真挚和善地阐述对各卷的修改意见。①

---

　　① 姜岩：《怀念父亲》，载姚以恩、姜妮娜、姜抗生编《姜椿芳纪念文集》，中国大百科全书出版社 2008 年版，第 344—345 页。

在编辑《中国大百科全书》的过程中，重要条目他都要过目和亲自修改。他视力不佳，"家里人都轮流为他念条目，笔者也念过不少。他眼睛看不见，但所有条目都要过目和亲自修改。给他念条目的时候，他就闭着眼听。然后说，什么地方要怎么改，我们就标注上"①。

到了1987年6月双眼手术失败后，他的双眼视力接近于无了，但他还是坚持留下了许多文章。姜妮娜是这么描述的：

> 我看了一下父亲所记的东西，字都重叠在一起，他自己根本看不清，我也看不清。那么他为什么要记呢？我想他是为了加强记忆。父亲在写文章时，就靠这个记录的内容在脑子里的印象而写成文字的。文章也是他自己动手写的，因为他口述我写还不如他自己写得快呢。有人问，他的眼睛视力那么差，怎么写文章呢？父亲有一个诀窍，他用左手作为每一行的指示，右手不停地在纸上写。他说，按行写时，不能停顿，否则就会重叠。每写完一行，左手向下移动一点，右手就顺着左手指示的方向，向右面边写边移动。这就是为什么我们看到的父亲写的字，都是左边高右边低，那是因为右手逐渐向右移动时，离左手愈来愈远，左手的指示不起作用了。父亲的精神是非常感人的，他就是凭着自己的惊人的记忆力和顽强的毅力，在双眼几乎失明的情况下，还写了不少文章。②

---

① 谭琦：《姜椿芳校长传》，上海外语教育出版社2019年版，第359页。
② 姜妮娜：《在父亲身边的日子里》，载姚以恩、姜妮娜、姜抗生编《姜椿芳纪念文集》，中国大百科全书出版社2008年版，第341页。

曾参与编纂《美术》卷的艾中信先生提及那段时光，也是历历在目。艾中信是徐悲鸿、吴作人等第一代油画大师的弟子，也是我国的杰出画家和艺术家。他于 1945 年在姜椿芳主持的《时代日报》当过文艺副刊的编辑，新中国成立后又与姜椿芳在中央编译局为马克思逝世一百周年组织创作历史画等事情上有过交集。艾中信回忆，姜椿芳为了编辑《美术》卷，曾多次到中央美术学院召集画家、雕塑家、工艺美术家和美术史论家座谈；为了组织《美术》卷的编辑委员会，又曾多次和美术界的各方面领导以及其他有关方面的人士商谈，也曾和艾中信个别研究。每次碰头时，姜椿芳都不让艾中信来出版社开会，怕他来去交通不便，宁肯自己受累，亲自登门到艾中信家中恳谈。此时，他已几乎失明，由司机扶着，高一脚低一脚、磕磕碰碰，非常艰难地来到艾中信所居住的大杂院中。多年后艾中信仍清楚地记得他在《美术》卷全体编写人员会上作动员报告的情景，他声和气柔，娓娓而谈，条理清晰，语言恳切，对大百科全书的建设寄予无限的深情和期望。

姜椿芳作为一名编辑，其个人作风也是令人高山仰止，念兹在兹。在中国大百科全书出版社的 10 年中，他住在一个小胡同的四合院内的几间平房里。小院周围的一些住房，住满了中央编译局的干部家属，每家门口的长廊，都塞满了锅碗瓢勺、炉子、烟囱、蜂窝煤，与一般市民居住的四合院没有什么异样。他不讲排场，不摆阔气。他读书、写文章、会客、用膳全在朝南中间的一间房子内，仅用长柜作了些间隔。房内有些藏书与字画，进了门才会领略到一点主人的儒雅气息。他的饮食起居也很简朴。有时在社内食堂午膳，也是与同志们一样，买些菜饭。饭后和衣躺在长沙发上闭目小憩，

1984 年底，姜椿芳向生物学家贝时璋送聘书

1986 年 9 月，中国大百科全书出版社顾问姜椿芳向来访的英国专家罗森布洛克赠书

姜椿芳侧影

姜椿芳油画，张初蕾作于 2014 年

就算是午休了。姜椿芳淡泊自甘，但对同志与亲朋故旧却在内心里蕴蓄着一团火。

与在哈尔滨和上海做地下工作时一样，他自奉甚俭，但十分关心他人，领导作风平易近人，性格随和，没有官气、官腔。作为社领导，他对社内所有人员的"底细"都了解得一清二楚。谁家父母病了，谁家夫妇和睦或争吵，谁家孩子摔了……他都知道。平时，他只要有一点空隙，遇上谁，就会随和地谈谈家常，聊上几句，使同志们感到亲切。他的这种民主、豁达的作风，使得有些同志喜欢闯到他的办公室里，无所顾忌地找他谈谈或诉说什么，而他总是耐心地倾听。对同志们提出的意见、愿望与要求，凡能自己解决的，他决不推给别人；不能解决或一时解决不了的，他就循循善诱地加以疏导；确需有关部门解决的，他会认真地迅速交办，并负责地提出自己的意见。有一次，有一个老友的夫人给他写信，说她老伴故世后，经济拮据，要给孩子上学交学费都有困难，她想把自己早期翻译的托尔斯泰的一本童话托他找家出版社出版。姜椿芳托人询问有关出版社，当听到那家出版社不打算接受那本译稿时，心情凄然，像欠了老友一笔账而无力偿还似的。

不仅是对社内人员，对社会上的人，他也平等对待。所以，他才会为河北一位素不相识的教师寄去所需的西班牙语教材；他才会和一位破落却对北京史地知识了如指掌的小业主成为朋友；他才会为给一个理发员的智障女儿提供咨询，陪他去见翻译家杨宪益、戴乃迭夫妇，听取他们的经验。他会对社会上、出版社里的每一个需要帮助的同志伸出温暖的援助之手，所以才能朋友遍天下。

八、创办《百科知识》，引进《不列颠百科全书》

1979 年 5 月 1 日，《百科知识》杂志创刊。这本杂志是作为《中国大百科全书》同社会联络的渠道而创办的。试刊的第一期先于《中国大百科全书》的《天文学》卷出版，是中国大百科全书出版社的第一本出版物。

在创刊号上，姜椿芳专门撰写了《为什么要出〈中国大百科全书〉》一文作为发刊词，第一次向全社会公开宣布要出版《中国大百科全书》。按照姜椿芳的总体设计，在编纂《中国大百科全书》的同时，应有两个"产品配套"，一为《百科年鉴》，作为百科全书的补充和资料更新手段，每年出一"补卷"，以专文、特稿、述评、评论等方式记载学术动向、大事纪要、编纂进展等，另一个就是《百科知识》了。

《百科知识》是《中国大百科全书》的一个窗口，对外反映各个学科最新学术动态的一个阵地。正如当时姜椿芳所说的："《百科知识》刊登的文章，既有介绍中外古今各种知识的文章，但又不是百科全书上的条目；刊物上的文章既应有编写的百科全书条目的学术性、准确性，又要着眼于提取最新知识的资料，即要有新闻性和引人入胜的趣味性。"但这种介绍和反映基本知识和最新知识的文章"也不是一般科普读物，而是通俗化了的社科和科技的学术性文章"。广大读者可以花较短的时间，较全面地了解目前国内外各个学科发展的新动态。多年来为《百科知识》写文章的作者大多数是中国科学院、中国社会科学院、北京大学等科研机构、高等院校的学者、教授。由于中国大百科全书出版社得天独厚的条件，《百科知识》与全国近两万名一流专家、学者有学术上的联系，所以可以说在《百科知识》上写文章的学者的数量之多、覆盖面之广，是全国其他刊物少见的。

著名社会学家、中国大百科全书出版社上海分社编委邓伟志曾撰文记述，在围绕要不要办《百科知识》杂志的问题上，曾有过争执。

在围绕大百科要不要办《百科知识》杂志的问题上，陈虞孙同姜椿芳曾发生过分歧。姜老主张办，陈虞老不主张办。这纯属工作上的分歧。可是，有人利用姜陈之争，分别到二老面前讨好、献媚，嘀嘀咕咕，说得重一点，就是挑拨离间。他们越说越玄乎，越传越像真的，大家都为之着急焦急。

大百科有三位地下时期的中共上海市委的文委书记：一位是姜椿芳，一位是陈虞孙，一位是王元化。他们不是扛枪打仗的，未经枪林弹雨，可是，他们是经历过腥风血雨的。地下党之间尤其须要配合、默契，地下党之间的默契比正规部队要求更高。正规部队如果不默契，会有人调解，有时间裁决，地下党不默契那就可能发生随时被捕，随地遭杀害的大事。

几天后，我随姜、陈去医院看于伶。三个老头回忆地下工作时期的往事，一会儿笑不可支，一会儿热泪盈眶。姜老对于伶说："最近有年轻人看我同虞孙同志工作上有不同意见，以为我与他会决裂，被虞孙同志批了一通。"

接着，陈虞孙便派我在上海协助总社领导成员刘尊棋办《百科知识》创刊号。刘尊棋回北京，陈虞孙又命我继续随刘老到北京史家胡同为《百科知识》帮忙。老一辈就是这样不赞成就说不赞成，支持就在行动上支持到底，表里时时如一，处处不二。①

《百科知识》创刊时，全国公开发行的刊物不过数百种。《百科知识》以其内容广博、知识全面、作者权威，得到了广大读者的欢迎。1979年底统计来年的征订数，《百科知识》的月订阅量达到了40万册，在全国各类期刊中名列前茅。20世纪80年代后期，《百科知识》坚持其权威性、科学性、准确性、可读性的用稿标准，致力于宣传当代最新知识，介绍最新的科研成果，设定读者为高中以上文化水平，在社会上产生了影响，征订数一直稳定在20万册左右。其特色为文理合编，当时在全国这是独一无二的。

如果说创办《百科知识》意在知识的普及，那么引进《不列颠百科全书》则是向世界敞开接纳知识的怀抱，同时通过有关中国词条的撰写向世界传输中国的文化和精神。

1978年8月，大百科图书馆入藏了第一套《不列颠百科全书》，是刚刚自湖南平反回京的刘尊棋和金常政去图书进出口公司选购的。《不列颠百科全书》（旧称《大英百科全书》）是世界重要的大型综合性百科全书之一，从1768年就开始编纂，250多年来其纸质版已经从草创的3卷本发展到了第15版的32卷，并于2012年停印纸质版，全面转向数字版。

1768年，英国出版商安德鲁·贝尔、科林·麦克法夸尔聘请威廉·斯梅利在苏格兰的爱丁堡主持编纂百科全书，1771年出版，共3卷，名为《不列颠百科全书，一本按照新方法编纂的艺术与科学词

---

① 邓伟志：《在陈虞老身边的日子里》，《世纪》2008年第5期。

典》（*Encyclopaedia Britannica, or, A dictionary of arts and sciences, compiled upon a newplan*）。此后迭经演变，1902 年，美国邮购零售商西尔斯·罗巴克公司买下版权，将其总部由英国迁往美国的芝加哥。后其版权归芝加哥大学所有，由总部设在芝加哥的不列颠百科全书出版公司主持该书的编辑、出版和发行。因此，《不列颠百科全书》自 20 世纪的第 14 版开始，虽仍以"不列颠"（Britannica）为书名，但已身在美国。

1974 年，《不列颠百科全书》第 15 版问世，这面目全新的一版打破了传统的标准型百科全书模式。全书共 30 卷，分为《详编》、《简编》和《类目》三个部分。其中，《类目》1 卷是知识的概览；《简编》10 卷提供事实性的简要资料并具有索引的功用；《详编》19 卷提供知识的详尽解释，其中的长篇条目是《不列颠百科全书》传统的、完整的学术性专条。1985 年的印本增加 2 卷《索引》。

作为一家资本国际化的公司，不列颠百科全书出版公司早就有在中国推出其中文版的愿望，因为中国人口众多，市场广大，《不列颠百科全书》缺少了中文读者也就谈不上是真正国际性的百科全书。所以 1979 年元旦中美正式建交后，当年 4 月不列颠百科全书出版公司代表弗兰克·吉布尼就直接找到姜椿芳，联系出版合作问题。当时，中国大百科全书出版社对于这件事有过讨论，有不少人认为引进国外百科全书会分散编辑力量。姜椿芳组织了多次认真的讨论后，在领导层达成了共识，于 11 月向美方发出了邀请。

1979 年 11 月 16 日，应中国大百科全书出版社的邀请，弗兰克·吉布尼以不列颠百科全书出版公司编委会副主席的身份，与该公司副总裁保·阿姆斯特朗在加拿大麦吉尔大学东亚研究所主任林达光教授和夫人陪同下，到达北京访问。姜椿芳向国家领导人、当时担任国务院副总理的邓小平汇报了一年来大百科全书出版社的工作，也谈到了与美国不列颠百科全书出版公司合作编译《简明不列颠百科全书》中文版的问题，得到邓小平的赞许。11 月 26 日上午，邓小平接见了吉布尼一行。会见时在座的有国家出版局代局长陈翰伯、中国大百科全书出版社负责人姜椿芳等。《人民日报》于 1979 年 11 月 27 日刊发了新华社报道《邓副总理会见来自美洲的朋友》。

会见时，吉布尼提出："希望不列颠百科全书公司和中国大百科全书出版社长期合作，交换资料、进行交流，同中国的学者进行对双方都有益的合作。"邓小平说："这是个好事情。这也反映了我们的落后。三十几年还没有搞这些事，现在开始做。外国的部分搬你们的就是了……将来中国的部分自己来写。"姜椿芳等人听得清清楚楚，顿时豁然开朗，心里通透起来。

此次接见之前，姜椿芳向邓小平汇报工作。

姜椿芳说："我社准备出 80 卷《中国大百科全书》，8000 万到 1 亿字左右。准备在 10 年之内出全。明年出第一卷《天文学》卷。上海分社准备出年鉴。"邓小平说："年鉴我们要出。"姜椿芳又说："我们出年鉴还有些困难，年鉴要刊载关于中国的资料，政府机构干部的姓名，各部部长的名单，各方面的统计数字，部队的人数等等。我们准备给中央写个报告。"[1]

---

① 《姜椿芳日志（1978～1987）》1979 年 11 月 26 日，载《姜椿芳文集》第 10 卷，中央编译出版社 2012 年版，第 218 页。

1980 年 8 月，中国大百科全书出版社应美国不列颠百科全书出版公司之邀，组团访美，姜椿芳任团长，团员有刘尊棋、阎明复、汤季宏、梁从诫。美国不列颠百科全书出版公司组织了盛大的记者招待会，欢迎中国代表团。姜椿芳深刻体察到当时国内外形势，洞悉双方在政治体制、文化背景、历史传统和价值观念方面差异明显，深知要在百科词条方面做到求同存异是难度颇大的事情，抓紧时间与团员展开了深刻讨论。

8 月 12 日，中美双方出版机构负责人在美国签订了"中国大百科全书出版社和不列颠百科全书出版公司关于合作出版《不列颠百科全书·简编》中文版的协议书"。协议书中之所以不按旧例称"大英百科全书"而称"不列颠百科全书"，是因为姜椿芳和刘尊棋二位都认为这部百科全书已经由美国出版，中文仍译"大英"属于名实不副，遂按音译改为"不列颠百科全书"。后根据经济学家陈翰笙的建议，中美双方一致同意，将合作出版的中文书名改为《简明不列颠百科全书》。

《简明不列颠百科全书》10 册的编纂由刘尊棋主持，徐慰曾负责具体编辑工作。经过反复酝酿，征求各方面的意见并与美方协商后，《简明不列颠百科全书》中文版的编译确立了如下方针：

（1）翻译以英文原书《简编》为主，对于其中只有提要而主要内容见于《详编》的条目，根据后者摘要翻译。

（2）对原文只译不改。由于篇幅所限，取消了部分只列条头而无释文的条目和参见条，另对科技类条目释文平均删节约20%，社会科学类条目释文平均删节约30%。

（3）纯粹关于中国的条目，比原书增加20%，由中国的专家学者撰写。

（4）因篇幅、版权、印刷条件限制，删去原书中一部分图片，充实了有关中国的图片。

（5）除《中华人民共和国地图》外，其余国家和地区的地图、专题图，均根据原书地图及线条图缩制翻译。附录中所有统计资料均照录原书。凡文、图、表中涉及疆界、政治、领土等问题，均按照原书翻译，但在"前言"中说明这些并不代表中国大百科全书出版社的观点。

（6）个别有较大争议的条目需经双方协商修改。原书中事实性、技术性错误一经发现，即通过双方磋商改正。

根据中美双方所签协议书的规定，为保证《简明不列颠百科全书》所有条目都符合中国大百科全书出版社和不列颠百科全书出版公司都能接受的质量和客观性的标准，双方同意建立一个联合编审委员会来审查将收入《简明不列颠百科全书》的各项编辑资料。该委员会对其权限范围内的所有问题有最后决定权。委员会的成员为：中方主席刘尊棋（主编），委员钱伟长、周有光，秘书徐慰曾（副主编）；美方主席吉布尼（Farnk Gibney），委员索乐文（Riechard Solomon）、金斯伯（Norton Ginsburg），秘书何得乐（Dale Hoiberg）。《简明不列颠百科全书》既是一部中国的百科全书，同时又是一部《不列颠百科全书》。联合编审委员会按照协商一致的原则行事。因此，当对某一条目释文发生重大分歧时，须以两位主席都能接受的方式来解决，否则该条目不得刊用。

联合编审委员会中方秘书徐慰曾后来回忆道：

在签订协议后，我们就给自己制定一项非常紧迫的计划，就是要在 5 年内完成编译、发排工作并开始出版发行。从 1980 年开始，我们就着手筹建编辑部，并以北京为主，上海、天津为辅，在全国范围内建立起一个庞大的编译与撰稿班子。编辑部负责翻译的组织工作，中国条目的撰写，全部资料的审校，专名的统一，地图的翻译以及配图工作。根据协议，所有中国条目的稿件需提交美方，由他们组织人员检查，后来美方又要求由他们出资全部译成英文。由于中美两国的政治制度、历史传统和价值观念不同，对某些事物的认定与评论存在着差异，有些甚至是对立的。为了解决这些问题，联合编审委员会先后召开了 3 次全体会议、10 多次工作会议进行协商。其中争议最多的是"朝鲜战争"条，曾经花了整整一天时间才找到解决歧见的办法。①

在这样的往复磋商过程中，姜椿芳作为中国大百科全书出版社的总编辑，起到了定海神针的作用。在和美国的出版社合作编译《简明不列颠百科全书》中文版过程中，有关中国的条目共 2400 余条，中国方面计划不依照条目英文原文翻译，而由中国方重新写。此外，这些中国方面撰写的与中国有关的条目将在英文《不列颠百科全书》再版时编入。所以，这 2400 余条如何撰写，需由中美双方磋商决定。为此，中国大百科全书出版社内部曾出现过强烈的反对意见，认为我

---

① 徐慰曾：《中美百科全书界的两度成功合作——谈〈不列颠百科全书〉的两个中文版本》，《辞书研究》2000 年第 2 期。

们和美方在意识形态、政治观点上差异极大，分歧已久，不可能达成共识，即使勉强求同存异，将来也免不了遭受"丧权辱国"的指责。姜椿芳坚决反对反对派意见，全力支持按照协议书的约定执行。他的积极态度起了决定作用，项目得以顺利进行。后来的进展果然令人欣慰，绝大部分条目都在实事求是和求同存异的原则下得到了中美双方的一致同意，唯一无法达成共识、最终舍弃不用的一条是"斯大林主义"。

对《简明不列颠百科全书》中文版条目的排序方法，姜椿芳也是费尽心思。他认为，对百科全书这样的大型工具书来说，正文中条目的排序方法是一个关系到检索效率的大问题。传统办法是按照汉字的部首和笔画来排列，这在卷数不多的辞书中已经证明检索不便(例如，《辞海》采用部首法排列，可是多数使用者说，如果先查附录中的音序索引，相比查部首来说速度可以提高三倍)，在卷数很多的百科全书中将会十分不便。当时中美联合编审委员会中方三委员之一的著名语言学家周有光，中国文字改革委员会秘书长、副主任倪海曙，都建议按照汉语拼音字母排列，即采用音序法。但音序法有一弊端，就是中年以上的知识分子不懂拼音，而且社会上有一种惰性心理——宁取不方便的旧方法，不取方便的新方法。为此，姜椿芳多次跟不同专业者举行座谈，征求意见，最后得出了音序排列法的便利处大大多于部首排列法的结论。再加上有数据支持，即当时每年入学的小学生有两千多万人，都在学拼音，日后音序法将会日渐普及，是一个确定无疑的方向。而且对知识分子来说，只要愿意学习，拼音是极易掌握的。于是综合各方面的情况，姜椿芳决定采用音序法排列《简明不列颠百科全书》的条目。

大方向既然确定，落实下来还要选择哪种音序法。音序法有两种：一种是纯字母排列法，不照顾汉字；另一种是字母、汉字、字母排列法，把条头汉字相同条文排在一起。为了照顾广大读者的阅读习惯，姜椿芳决定采用后一排列法。《简明不列颠百科全书》中文版的正文也用音序法排列，可是排印时候删去了条目上注的拼音。这样做可以节省篇幅和排字工作，却也带来了检索的不便。

经过 5 年努力，动员了 500 位教授和专家，《简明不列颠百科全书》于 1986 年 9 月全套书出齐，共 10 卷。1991 年又出版增补卷（1卷本）。1999 年、2005 年又先后翻译出版发行了 20 卷本的《不列颠百科全书》（国际中文版）和 2 卷本的《不列颠简明百科全书》。

《简明不列颠百科全书》从立项到出版，一直得到国家领导人的重视、支持，得到了各部门的积极配合。

1980 年 9 月 8 日，以不列颠百科全书出版公司董事长斯旺森为首的董事会代表团访华。当时正值中国召开五届人大三次会议，邓小平在百忙之中第二次接见了来自不列颠百科全书出版公司的客人。他在会见中指出，中国人民对新的路线、新的方针政策，对实现四个现代化的决心是坚定的。我国的形势在粉碎"四人帮"以后一年比一年好，这是显而易见的，但现在还有许多困难，还有许多弱点。认识弱点才能克服弱点，只有认识自己不行，才能努力去学习逐渐地行起来。认识落后，敢于把自己的缺点讲出来，是需要勇气的。我们有这个勇气。邓小平在谈到这次出版合作时，再次对外宾们说，这是件好事情。几乎全世界都知道你们的百科全书在学术领域享有权威性的地位，我们中国的科学工作者把你们的百科全书翻译过来，从中得到教益，这是很好的一件事情。这项工作同四个现代化有关嘛。外宾们高度评价了邓小平的讲话，认为这体现了邓小平的实事求是精神和实现四个现代化的决心。他们回国后，将邓小平的讲话在《不列颠百科全书年鉴》和其他报刊上作了介绍，产生了良好而巨大的影响。

1984 年 11 月样书印出后，胡耀邦将该书作为礼品面赠来访的英国首相撒切尔夫人。

1985 年 6 月，《简明不列颠百科全书》第 1—3 卷正式出版。9 月 10 日，邓小平第三次会见了以美国不列颠百科全书出版公司董事长格温、编委会副主席弗兰克·吉布尼为首的美方代表团和中方负责人。会议一开始，邓小平接受了中国大百科全书出版社总编辑姜椿芳赠送的《简明不列颠百科全书》1—3 卷，还接受了吉布尼赠送的 1968 年出版的《不列颠百科全书》英文版第一版的复制本。邓小平在谈话中指出：我对这次合作取得的成果表示祝贺。明年全部出版是很好的事情。这部百科全书是非常有用的。这是知识读物。现在我们搞四化建设缺乏知识，应该从多方面取得知识。当天，中国大百科全书出版社在人民大会堂举行《简明不列颠百科全书》出版发行招待会，胡乔木、美国不列颠百科全书出版公司和有关部门领导及中外记者等二百余人到会。

1986 年 9 月 10 日，全书 10 卷出齐，时任总书记的胡耀邦也在人民大会堂会见了以美方董事长格温为首的代表团成员和中方负责人，姜椿芳一起参加了会见，并在当晚举行的招待会上致欢迎词。

第五章

生命的最后两年（1986—1987）

一、顾问的"执着"

1986 年 2 月 20 日，姜椿芳上午还在和相关人员谈论姚以恩编纂的《苏联百科词典》是否上一审的问题，下午便毫无征兆地接到人事变动的消息——总编委会主任胡乔木忽然派秘书来到姜椿芳家里，向他宣读了胡乔木给中共中央组织部部长尉健行的信，信中建议姜椿芳改任出版社顾问，由梅益出任总编辑。

关于之后的事，根据姜椿芳日记及相关史料，整理如下。

3 月 18 日，在中南海勤政殿中共中央书记处，邓力群宣读总编委会主任给中央组织部部长尉健行的信抄件，信中建议姜椿芳改任出版社顾问，由梅益出任总编辑。

4月初，邓力群办公室给中国大百科全书出版社"关于百科出版社总编辑人事变动"通知，重新宣布3月18日的信件。

4月5日，中国大百科全书出版社办公室主任矫玉山给邓力群办公室打电话，询问关于梅益来百科出版社工作和赵仲元任职问题，是否还要有中组部的行文。

4月6日，邓力群办公室王怀臣来电：就按照此前信中宣布，不再发文了。信里写得很清楚，中组部已同意这个信的内容。

5月3日，大百科全书出版社召开全社大会宣布新总编梅益上任。下午，大百科全书出版社认为凭建议信任免干部手续不完备，请上级单位——国家出版局向文化部党组索要梅益同志为总编辑和赵仲元同志为副总编辑的任命书，以及免去姜椿芳总编辑职务，任顾问的任免书。文化部党组拿不出来。

5月7日，姜椿芳与梅益同机飞往上海，姜椿芳向分社全体职工介绍梅益。

6月16日，文化部正式下发梅益、赵仲元、姜椿芳的任免通知，姜椿芳改任顾问。

姜椿芳从大百科全书总编辑退任为顾问，但是他心念《中国大百科全书》各卷的编纂出版进程，还经常跑到单位去。老友耿庸回忆道：

> 有一次，1986年还是1987年呢，也是全国政协会议期间，老姜约定的一个休息日的下午，他午睡过了便陪我去看骆宾基，骆宾基不在，又去看住在同一条路上的黎丁。黎丁也不在，他夫

人琇年大姐一向热情好客，便让我们坐下来等。大抵由于说起黎丁退休了还天天到光明日报社去待一阵，便说到有些离休退休了的人有"人一走，茶就凉"的感叹。我说："这话不对，人一走，茶就该倒掉，没道理凉在那里。"老姜发了怔，看不清我的身影的眼睛直对着我反驳："这句话很好嘛，你怎么那样说！"我不同意，我说："工作单位不是茶馆，离退休人不是茶客，难道干了几十年的工作是喝茶？"老姜不作声，一脸伤情的怏怏悒闷。我猛省过来，而且后悔而且生自己的气了：老姜业已从大百科全书总编辑退任为顾问，他还经常上班去，他不能忘情于——依我的想法——有如从宙斯脑袋里孕生出来的智慧之神的、他在监狱里就开始为之呕心沥血的《中国大百科全书》的编纂和出版工作，而它才出生了一半。我两次听他为顾问工作叹气，两次劝他别去上班："不知有多少当顾问的不过是挂个名，不顾不问，顾而不问。你何苦去又顾又问又干活，不怕接你班的人心里边怪你吗？"他不是说"不行，有些还没了的事，新来的总编辑可能不清楚，我有去作说明的义务"，就是说"不行，死了张屠夫也不致吃混毛猪，可是我还没有死。我去是为国家的大百科全书和它的读者群工作，又不是为哪个个人"。第三次听他叹气时我说："你说话人家不听了吗？"他摇摇头，却说："上次不听，这次再说，这次不听，下次还说……，该说的还能不说？"世人多谓"姜是老的辣"，他这个老姜则韧得大抵够某些人叫"苦"了。

现在，老姜已与世长辞好几年了。回想着我说过的什么茶馆、什么茶该倒掉的痛了他的心的话，一份对老姜的负疚感倍加沉重——因为从那次以后，我就不复能够再见老姜了。①

高巍回忆道：

> 1986年"五一"节后，姜老和梅老一起赴上海参加个研讨会，
> 会前到百科上海分社考察。当时，高巍正随副社长瞿富中同志、
> 人事处长李救力同志在上海分社参加干部考核工作。在全社干部
> 大会上和与老朋友相处时，姜老谈笑风生，如聊家常。而回到房
> 间，和老伴独处时，那种内心痛苦自然表露，让高巍看的心如刀
> 绞。姜老这并不是在为自己争什么，而是觉得自己关于编百科的
> 一套思路，安排和方法用不上，在为事业着急，而为有劲使不上
> 而心焦。②

但是，同一件事，站在不同的立场，看法是不一样的。1987年
2月21日下午，《中国大百科全书》总编委主任胡乔木和继任中国大
百科全书出版社总编辑的梅益来到姜椿芳家中。姜椿芳长女姜妮娜回
忆道：

> 1987年2月21日下午，《中国大百科全书》总编委主任胡
> 乔木同志和中国大百科全书出版社总编辑梅益同志来到父亲家，
> 当时我也在场。他们的谈话有录音保存着。这里因篇幅有限，只

---

① 耿庸：《姜椿芳这个人》，《文汇报》1994年2月21日。

② 高巍、张焕宇：《姜老留给我们的精神遗产》，载姚以恩、姜妮娜、姜抗生编《姜
椿芳纪念文集》，中国大百科全书出版社2008年版，第324页。

作简单传述。

总编委主任胡乔木同志批评姜椿芳，说他在编百科前没有通盘计划，哪些该出哪些不该出，以致现在膨胀了。怎么办？要压缩。最近听说，一年要出十多卷，质量不能保证，为此必须把出书的速度放慢些。父亲说，有哪些学科增加了，没有报告？有些学科是后来逐步发现的。我一直主张在75卷时截住，不能无限度地扩大。父亲一再解释：现在我们百科的编法，实际上和一些国家相比是倒着走的。苏联先出大百科全书，然后出小百科、中型百科，最后出大百科全书。我们编大百科全书，把已有的一些学术成果进行抢救性积累，在这个基础上，再编出小的和中型的百科全书。这也是以我国的国情出发来考虑的。胡乔木同志认为第一版的规模不能太大。

父亲说，通盘计划的报告送到您那儿，一直在等回音，并不是我不向您报告，不向中央报告，自作主张。

父亲又说，自从1978年开始筹备，先以《天文学》卷做试点，后来开始齐头并进，这几年每年可以出版十几卷。在保证质量方面，编辑人手确实不够，但是可以想办法。现在几个大的出版社都有一批刚退下来的编辑。我们可以从中聘一些经验比较丰富的语言文字方面的编辑来充实我们的编辑部。说1989年出齐，这只是一个奋斗目标，大家努力吧！我们主要依靠社会上的专家，各学科还依靠各有关单位。有些部、各研究所或一些大学都给了我们很多支持

总编委主任不听父亲的解释，他说，现在梅益同志是总编辑了，编辑工作就由梅益同志负责，你就不用管了，不然他的工作

就不好做了。父亲还想作一些解释，说明他只是协助梅益，并没有在梅益的工作中间制造障碍，相反是在他的工作中起协助作用。例如现在搞的这些体制、责任制、包干制——有些困难。比如《农业》卷，原来是三卷，现在要压缩成二卷，有些分支如林业、牧业只能出分册，可以用出分册的办法解决这个困难。还有些困难，关于卷数、数量和篇幅的压缩问题，这个问题要郑重其事地讨论。主任说，今天就谈到这里……编辑工作还有很多问题值得研究。父亲最后还要明确两条：一是1978年申请出版《中国大百科全书》的问题，曾向国务院送去申请书，同年11月18日国务院正式批文下达"国务院转发国家出版局批准关于编辑出版《中国大百科全书》的请示报告和补充报告"；后来国务院还给我发来一个任命书，任命我为总编辑。另一个是，前年11月份，我们写了一个报告，写了总编委讨论好的计划以及今后的工作，一方面向中央报告，另一方面同意中央的批示。以前每年都是口头汇报，就是前年用书面汇报了。总编委主任说，中央和国务院知道我们的工作了，姜老做了很多贡献，才有今天的中国大百科全书出版社……

父亲说，我没有做什么贡献，现在我不多说了，这可以让历史事实说话。

一年前，父亲不计名分地为大百科全书的事业尽力，而现在，编辑工作不要他插手，不准他去找编委们。大百科的事他不能问了。想想看，父亲早已经把自己的生命和大百科事业融为一体，现在要活生生地分开，这对他意味着什么！他不能去上班了，他惦记着正在成书的编辑组，惦记着有些卷急需解决的一些

问题，不知道他们解决得怎么样了？他在家里门里门外地走来走去，有时站在玻璃窗前眼里含着泪水，他真想不通……①

自 1987 年 2 月 21 日的这次谈话后，姜椿芳便不再参加《中国大百科全书》编辑工作方面的会议了。但他仍心系百科工作，还是忍不住要隔三差五地到出版社看望同志们。

在《中国大百科全书》编纂的过程中，有一个编法、卷数、时间的"三不变"原则：全书综合性和大类分卷的编法不变、75 卷的规模不变、10 年出齐献礼国庆的目标不变。而这次信件"通知"的内容和后来的谈话直指这个"三不变"。梅益上任后也首先从"三不变"中的卷数入手，开始了大刀阔斧的改革。

75 卷的规模是编纂过程中步步探索、群策群力的结果，在中央媒体公开公布，也曾经和总编委等领导做过汇报，绝非个人想法信手随心写下的数字。1978 年 10 月 7 日，《中国大百科全书》总编委会主任、副主任第一次会议上，姜椿芳提出总体设计按大类分类出版的设想，得到批准。原则批准了以《天文学》作为首卷的方案。10 月 31 日的第二次总编委会主任、副主任会议上，姜椿芳汇报了 80 卷（78 卷 +2 卷索引）的出版计划。1981 年 9 月，在中国大百科全书出版社第 11 次编务会议上，姜椿芳强调了 70 卷不变、综合性不变、10 年出齐不变的"三不变"原则。随着编纂的推进，有些学科出现了内容重复或跨学科的情况，经过慎重思考和研究后，更改为 75 卷。

1984 年 11 月 29 日的《人民日报》上，姜椿芳在答记者问中明

---

① 姜妮娜：《在父亲身边的日子里》，载姚以恩、姜妮娜、姜抗生编《姜椿芳纪念文集》，中国大百科全书出版社 2008 年版，第 337—338 页。

确公布了 75 卷的出版规划，并详细列举了所包含的各卷：以 10 年时间，即 1979—1989 年出版 75 卷，每卷 150 万字左右，全书可达 1 亿多字。在这 75 卷内有数学、力学、物理学、化学、天文学、地球科学和生物学等基础学科，机械、交通、航空航天、建筑、土木工程、环境科学、农业、矿冶、纺织、轻工、化工、医学等应用技术学科，心理学、哲学、经济学、世界经济、科学社会主义、中国历史、外国历史、中国文学、外国文学、法学、教育、音乐舞蹈、美术、戏剧、戏曲曲艺、宗教、新闻出版、体育、考古、博物馆图书馆等社会科学学科。

到梅益改革时，《中国大百科全书》已经有 31 卷问世，发稿的也已经有近 20 卷，超过了规划的半数。这个变化渐渐引发了大家的担忧。眼看着《电影》卷和《戏剧》卷要合二为一，《电影》卷编委会委员兼老友陈荒煤向姜椿芳吐露了对卷数变化的困惑。

椿芳同志 1987 年在眼睛动了手术之后，不止一次向我表示，希望我多参加一些文化组的活动。有一次会议后分手时，他抓住我的手不放，索性用商量的口吻说："以后文化组的工作，你就多管一些吧。"也许是我的错觉，我觉得他那无光的眼睛里流露了一种深沉的忧虑。

这一次分手后，我一直有点懊悔和不安，谴责自己不该向椿芳发了一阵牢骚。因为，我当时作为大百科全书的电影卷编委会的一个委员，对总编委会作出的一个不切实际的决定很不满意，这个决定要把原定的戏剧卷和电影卷合并一卷出版。这两个完全不同的学科，风马牛不相及，并成一卷，无论对专业人员或普通读者都不利，篇幅浩繁，不实用，实际造成纸张浪费，也是对专业学科的不尊重。我心脏不好，激动了一阵，觉得胸口发闷，讲不下去了。我发现椿芳脸色变得苍白，抓着我的手也激动起来，直瞪着眼睛望着我，似乎要讲点什么，却又摇摇手，长叹一声，什么也没讲。最后，他说要找一个时间和我谈谈心。

后来，一位老同志批评我，说我不该去触犯椿芳的心病。我才了解，他那时已是大百科全书的"顾问"，实际不能过问什么事情。他也不赞成领导上突然决定压缩卷数和这种并卷出版的办法，可是他无能为力。而椿芳的心病主要还在于原定出版75卷这个计划受到不恰当的干预，所以心情不舒畅。因此，听说他病了，我也不想再去和他谈心了。可是我怎么也没有想到，我却错过了这最后一次谈心的机会。

我不禁感到，我们这一辈或我们老一辈的知识分子有一个致命的弱点，就是往往不知什么时候起，因何种原因，一旦产生一个宿愿，就难以摆脱，无论经过多少坎坷，也要尽一切可能去呼号奔走，促其实现。即使他在其他方面已经有了较大成就，唯独这一宿愿受到挫折，也会郁郁寡欢，甚至忧伤不已，好像他一生的价值，终生的目标，生活的意义，仅仅在于这个宿愿的实现。

说白了，这无非是知识分子的一片痴心，想把自己认为最宝贵的知识给祖国文化大厦增添点砖瓦，填补点空白，或有所探索，企图提供一点新的结构、设想，新的观念……①

---

① 荒煤：《他留下了深沉扎实的足迹》，载《文化灵苗播种人——姜椿芳》，中国文史出版社1990年版，第134—135页。

二、百年梦想一部书

在姜椿芳建议并主持编纂《中国大百科全书》之前，中国尚未有一部真正意义上的百科全书。20世纪初随着国外思潮涌入，一些以"百科全书"为名的书籍涌现，但都不是真正意义上的百科全书。民国期间，无论是以出版大型丛书知名的商务印书馆的出版家王云五，还是著名教育家、故宫博物院创建人之一、国民党元老李石曾都想编纂百科全书，均未成功。

中华人民共和国成立之初，中央人民政府出版总署署长胡愈之曾建议编辑百科全书，1956年编制的科学发展12年规划曾列有编辑大百科全书的项目，但都未能付诸实施。可见，编辑百科全书实非易事，不仅要有安定的社会环境，有饱学卓识之士，更要有充分的物质保障、适当的社会购买力。回顾20世纪初以来的情况是，前半个世纪战乱频仍，以后二十多年是运动连绵，就连上述第一个条件都不具备。

编纂一部真正的百科全书，不仅是姜椿芳个人的愿望，也是近代以来爱国知识分子的共同梦想。姜椿芳以其渊博的学识、高瞻远瞩的格局和眼光，敏锐地意识到，"文化大革命"结束后将会拨乱反正，出现一个尊重知识、用知识促进生产力的繁盛局面，而且广大知识分子虚掷岁月已久，有迫切要求贡献智慧的强烈愿望，从而抓住时机，提出构想已久的编辑百科全书的建议。果然，他的提议顺应了时代和人心，得到了从上到下的支持和拥护。接下来，他为百科全书的设计、规划、组织、编纂而呕心沥血，一步一个脚印地把狱中的发心推向现实。

千余位编辑参与，共 1.26 亿字的篇幅，编撰人员涵盖中国科学院 84% 的学部委员、社会科学领域众多的学科带头人、各领域卓有成就的专家学者近 3 万人，历时 10 余个春秋——1993 年，在世界百科全书史上将要记上一件大事，这就是世界百科全书中的独特新军、一部中国的现代百科全书《中国大百科全书》终于齐齐面世了。

一座古今中外知识大厦现在巍峨耸立在中华儿女面前。1993 年 10 月 8 日，为庆祝《中国大百科全书》74 卷全部出齐，在人民大会堂隆重地举行大会。

百科全书的问世凝聚了以姜椿芳为代表的一代知识分子和相关工作者的拳拳诚心。刊于 1993 年 9 月 6 日《人民日报》第一版的专文《铸就中华文化的丰碑——记〈中国大百科全书〉的编撰出版》中，有一段话描述了"大百科精神"——"这是一种执着的爱国主义精神，是一种高尚的集体主义精神，是一种主动开拓的创业精神，是一种实事求是的科学精神，是一种无私的奉献精神"。

同样是刊于《人民日报》第一版的专文，2018 年 11 月 23 日《人民日报》记者张贺、田丽在《自觉担当职责使命　打造权威知识宝库——写在中国大百科全书出版社成立四十周年之际》一文中这样评论"百科人"："他们在铸造起一座文化丰碑的同时，也铸造出一座精神的丰碑——在这座丰碑上镌刻着自强不息和无私奉献，镌刻着实事求是和敢于创新。"

《中国大百科全书》涵盖 66 个学科和知识门类，再细分为 734 个学科分支，共选收 77859 个条目，有 1.26 亿字的篇幅和近 50000 幅插图，真是包罗万象，无所不有，堪称一座汇集人类知识的宝库，难怪有人赞誉这是一所"没有围墙的大学"。

从找寻专家到付梓的日日夜夜，许多作者已经伴随百科手稿行完了自己的最后一段人生之路。姜椿芳曾告诉《文汇报》记者，在他刚刚接手大百科的时候，不少著名的科学家就对他说，能将余生献给这一事业，是他们人生的最大快事。[①] 一位老专家也曾说，为了大百科，他甘愿皓首穷经，死而后已。他的话说出了老专家的心声，也不幸言中了这样的事实。

原中国大百科全书出版社副总编辑、《中国大百科全书》编委金常政这样描述：

> 许多参与撰稿的专家学者已年届古稀，白首弱躯，孜孜不倦。外国文学专家冯至带病连夜审读清样，目力不济，便用放大镜一个字一个字地读。八十高龄的法学家潘念之忍着疾病的剧痛，硬是改完稿件才去住院。翻译家王佐良右手骨折，戴着夹板，用左手扶着右手，撰写词条……
>
> 矿学家孙德和临终前还在审阅书稿。冶金学家李熏临终前数日还询及对《冶金学》一文的意见。国际法专家陈体强逝世前两天还给编辑部写信解决一处资料问题。建筑学家童寯（jùn）在生命的最后时刻仍在写《江南园林》条目……
>
> 外国文学专家罗大冈在写《法国文学》条目时，反复琢磨，写成初稿后，分寄给25位老朋友征求意见，然后又反复修改，七易其稿。为搞清平型关战役的一个细节，编撰者甚至不辞千辛

---

① 燕平：《一所没有围墙的大学——姜椿芳谈中国大百科全书的编纂工作》，《文汇报》1984年1月1日第2版。

万苦找到了当时一名炊事员。相声大师侯宝林为写好《戏曲曲艺》卷中的条目，十易其稿。[①]

在《中国大百科全书（第一版）》编纂过程中，从总编委会主任胡乔木、奠基人姜椿芳到华罗庚、宋时轮、茅以升、胡愈之等 30 余位总编委会的委员先后辞世。几乎每一学科卷出版时，卷前的总编委、分卷编委、分支主编的名单中都要添上几个黑色方框，很多人甚至都没等到自己主编或编纂的卷册付梓，但他们却把毕生所学留在了书中，传给后人。

三、编译之歌

在编纂《中国大百科全书》的同时，姜椿芳被选为中国翻译工作者协会的第一、第二届会长。

1954 年，全国文学翻译工作会议在北京召开，茅盾作了主旨报告，但成立一个翻译家自己的团体这一诉求一直没有实现。1978 年底，党的十一届三中全会确立了改革开放的路线，文化交流、科技引进、外事活动、外语教学等蓬勃发展，对翻译工作的需求愈来愈多。另一方面，广大翻译工作者要求成立自己的群众性学术团体的呼声也愈来愈高。有人在报刊上发表文章，有人在中央有关部门召开的会议上提出建议，有人还走访或写信给国家人事局，希望由他们会同有关

---

① 　张贺：《第一部综合性百科全书》，《人民日报》2019 年 10 月 26 日第 6 版。

单位筹备成立翻译协会。外文出版发行事业局被推为未来的翻译协会的挂靠单位，当时的局长吴文焘请副局长刘德有协助他筹备。经过酝酿，拟定由姜椿芳出任会长，他热爱翻译事业，在翻译界享有非常高的威望。

姜椿芳慨然应允。1981年，国家人事局牵头召开了两次筹备会议；接着，中宣部也批准成立译协。1982年6月23日，中国翻译工作者协会成立大会在人民大会堂举行。《共产党宣言》的译者成仿吾被推为名誉会长，姜椿芳当选为会长。随后姜椿芳便开始处理译协的繁忙事务。

第一项工作是亲自到一些重点地区去推动地方译协的成立。那时不少地区条件艰苦，译协创立的各项事务都是从无做起。姜椿芳不顾自己年老体弱，视力不好，行走不便，先后远行宁夏、辽宁、黑龙江、山西、上海等地，为成立译协做工作，参加译协成立大会。每到一地，除了作翻译方面的学术报告外，还亲自召开翻译界人士座谈会，倾听他们对发展翻译事业的意见和建议。为了让各级领导理解、重视、支持翻译工作，说明把翻译工作者组织起来，为当地建设服务的重要意义，他总要亲自登门拜访地方领导，取得他们的配合。例如他到宁夏时，第二天就拜会了当时的自治区政府主席黑伯里；到黑龙江时，拜会了当时的省长陈雷；到上海时，拜会了当时的市委宣传部部长王元化。每做一事，总是瞻前顾后，照顾四方，把工作做得细致、妥帖。

姜椿芳认为，我国翻译事业的发展应该适应时代的需要，跟上国家形势的发展，充分体现时代感。对于当前这个沸腾的时代来说，不仅要重视文学、社会科学的翻译工作，还应重视民族语文翻译和科技翻译工作。所以尽管工作忙，身体不好，他仍然参加了 1985 年在新疆乌鲁木齐和 1987 年在内蒙古通辽举行的第一次和第二次全国民族语文翻译学术研讨会。他两次在会上讲话，强调民族语文翻译工作的重要性，指出民族语文翻译工作在加强民族团结工作中的重要地位。在这两次会议期间，他分别会见与会的十多个民族的代表，同他们促膝谈心。他的眼睛认不清这些代表，但都要亲切地摸摸他们的衣饰，拍拍他们的肩膀，问长问短，勉励他们多出力，搞好本民族语言的翻译工作。在乌鲁木齐会议期间，他先后拜会了新疆维吾尔自治区党政负责同志王恩茂和司马义·艾买提，请他们多多支持民族语文翻译工作，解决翻译干部的实际困难。姜椿芳还十分关心民族语文翻译干部的成长，在这两次会议前都指示中国翻译工作者协会，要请几位有经验的翻译家到会给代表作学术报告，给他们传授翻译经验。他说，老大哥要负责传、帮、带，培养更多的少数民族语文翻译行家。

尤其令民族语文翻译工作者感动的是，姜椿芳在每天需要注射胰岛素的情况下，参加了 1987 年 8 月在内蒙古通辽举行的第二次全国民族语文翻译研讨会。当时火车上冷藏条件不好，致使带去的胰岛素失效。姜椿芳在身体极不舒服的状况下，还是致了贺词，并就民族语文翻译、翻译的历史、翻译理论、译协的工作讲了话。这时距离他辞世仅有四个月。

第二项工作是内部机构的设置，即成立社会科学、文学艺术、科学技术、少数民族语文、外事、翻译教学和理论等翻译学术委员会。他在 1986 年的 11 月和 12 月间先后出席中国译协文学艺术翻译委员会和中国译协社会科学翻译委员会的成立大会。1987 年 4 月 4 日又陪同伍修权副总参谋长前往中国军事科学院出席中国译协军事科学翻译学术委员会成立大会。

第三项工作是定期召开全国性的专业学术讨论会，以交流经验，活跃学术空气。比如在他的关怀下，1984 年在成都、1985 年在秦皇岛、1987 年在屯溪召开了三次全国性的科技翻译学术研讨会。他工作繁忙，不克分身，但每次都会为大会题写贺词或提供书面讲话。

第四项工作是出版会刊《中国翻译》。《中国翻译》原名《翻译通讯》（双月刊），最早是中国对外翻译出版公司创刊于 1979 年 3 月 1 日的内刊，1980 年正式公开出版，成为当时国内唯一的译学专刊。中国翻译工作者协会成立后，于 1983 年 1 月 15 日转为译协的会刊，1986 年改名为《中国翻译》（为叙述方便，这里统一用《中国翻译》）。在《中国翻译》成为译协会刊的第一期上，姜椿芳以译协会长的名义发表了《翻译工作要有一个新局面》一文。他希望《中国翻译》在探讨翻译理论，研究翻译学术问题，交流、总结翻译经验和外语教学经验等方面更好地发挥自己的作用，为开创翻译新局面贡献自己的力量。他还希望《中国翻译》能在评介翻译作品、开展翻译评论方面多做工作。

《中国翻译》根据他的指示，曾多期刊发翻译评论文章，批评当时译界只顾求快，不顾翻译质量，以及出版社对译著不进行认真核对的不负责任的现象。1985 年，当他得知某市出版界要著文批评某出版单位一名译者的译著，而当时有材料列举实例揭露该译者在翻译过程中存在粗制滥造等现象，便要求《中国翻译》编辑部应该去采访他们，刊登这种批评稿件，制止劣质译作的出版。

姜椿芳在某次开完了译协常务理事会后，来到《中国翻译》编辑部，对编辑们说，你们要去拜访老翻译家，请他们提意见，谈译事经验，写他们的访问记。后来，《中国翻译》编辑部便经常分批外出，先后访问过萧三、曹靖华、楼适夷、汝龙、朱光潜、钱锺书、季羡林、吕叔湘、卞之琳、曹汀、吴亮平、罗大冈、师哲等许多老翻译家。他们撰写的译事经历和译作经验深深教育了青年读者。根据姜椿芳谈话的思路，《中国翻译》开辟了报道新老翻译工作者的栏目，在后来的编辑工作中一直把老翻译家、青年翻译家、青年翻译理论人员和翻译教学人员当作朋友或约稿对象。《中国翻译》杂志在这支数百人的作者队伍的努力下，才会有今天的发展规模。

第五项工作是开展国际学术交流，进行人员互访。1987 年，中国译协正式加入国际译联，在此后几届国际译联的世界大会上，中国译协的代表均被选为理事。在 1987 年 8 月中国译协代表团前往荷兰参加国际译联第十一次代表大会前夕，姜椿芳于 7 月主持了中国译协核心小组会议，制定了代表团出国的方针和任务。在担任会长的几年间，他亲自接待了来访的日本科技翻译协会、联邦德国翻译协会、中国香港翻译学会、中国香港中华文化促进会等代表团，以及著名英籍华人作家韩素音女士，还亲笔签署了中国译协和联邦德国译协合作协议书。

姜椿芳的开创精神与敬业精神既鼓舞着百科事业，也润泽着翻译之林。

四、最好的纪念

1993 年 10 月 8 日，庆祝《中国大百科全书》74 卷全部出齐那一天，专家和学者们怀着喜悦的心情来到人民大会堂，一起见证这一具有历史意义的重要时刻。但姜椿芳却早已溘然长逝了。

早在 1986 年 6 月，姜椿芳被安排做"顾问"后的第二天，他被查出胰尾部有异物。另外早在此五六年前，眼科大夫就告诉他要做眼部手术，但他总是脱不开身，现在退居为顾问，也就终于有了时间，于是 1987 年 5 月 20 日姜椿芳做了右眼手术，一切顺利。右眼手术拆线后不久，姜椿芳就向医院请假去参加中华诗词学会的成立大会。姜椿芳长女姜妮娜回忆：

> 父亲出席了半天中华诗词学会成立会，中午在家吃饭、睡午觉。午觉后，他迫不及待地去掉蒙在眼上的纱布，坐在书桌前连续不断地给朋友们写了八封信。写完信，要我们看一下。我们说，写得不如手术前好，有的地方两行字重叠。父亲也感到，手术后的视力比过去差了，心里非常焦急。吃过晚饭，父亲又回到同仁医院。

> 六月十日，父亲的左眼又做了手术，手术很顺利。就在那天知道萧军伯伯得了食道癌，而且正住在同仁医院，他的病房离父亲的病房很近，于是这两个好朋友经常见面。

> 六月十五日左眼拆了线，蒙在眼上的纱布刚去掉，父亲就修改他自己写的文章《八年抗战中上海的新闻出版工作》。六月十九日，父亲在医院又写了《八年抗战中上海的文艺工作》一文。自从两眼手术做完后，父亲几乎天天都请假出院，有时出席政协的会，有时去看望老朋友，有时参加农业出版社《农业百科》首卷出版新闻发布会（父亲是《农业百科》的顾问），等等。本来

眼科大夫还要对他的眼睛作进一步的观察和治疗，但是父亲的活动太多，天天请假出院，这是违反医院的规章制度的，所以六月二十七日大夫只好同意他办理出院手续。[①]

出院后的姜椿芳一直忙于各种社会活动以及写作活动，在双眼几乎失明的情况下，以其惊人的记忆力和毅力，做了很多事情。但他自8月末从内蒙古通辽返回后，身体状况每况愈下。老友陈冰夷在他逝去的两年后，动情地回忆道：

　　老姜长期以来一直是抱病工作着。这几年他发病较频繁，尤其是他的目疾急速恶化，近乎完全失明。他常常对我说，现在他唯一的心愿是生前亲眼看到《中国大百科全书》全部出齐问世。他对自己的病，包括近几年有时比较严重的糖尿病在内，虽然也积极治疗，但似乎满不在乎，他最焦急的就是那复杂而难治的目疾。1987年5月间，他施行了一次眼科手术，目的是想控制住眼疾的发展，以保持他仅有的一点点视力。可惜事与愿违，手术毫无效果，眼疾仍然继续恶化，视力不断衰退，几乎什么也看不见了。手术失败后，他懊丧地对我说："眼睛瞎了，什么也看不见了。稿子不能看，文章不能写，还能做什么呢？"他的心情我理解，但是我能说什么呢？他之所以如此重视眼疾，竭力想维持一点极其微弱的视力，无非是为了能够继续工作，主要是完成《中国大百科全书》的工作。在他看来，大百科的工作高于一切，

---

　　① 姜妮娜：《在父亲身边的日子里》，载姚以恩、姜妮娜、姜抗生编《姜椿芳纪念文集》，中国大百科全书出版社2008年版，第340页。

这是他的第二生命, 甚至比生命更重要。①

杨哲回忆:

　　1987 年秋天, 姜椿芳的病重了, 但中国大百科全书的事业已融于他的生命之中。每隔两三天就让他女儿妮娜扶着到大百科全书出版社去, 这幢大楼他多熟悉呀, 就是摸着也能找到各个学科卷编辑组, 每次去时, 他都要推开各个办公室的门, 看看那些为编纂我国第一部大百科全书而埋头工作的编辑们。1987 年 9 月 29 日他带着病痛, 最后一次来到办公室, 他到各个编辑组去祝大家节日快乐! ②

　　出院后的姜椿芳一直忙于各种社会活动以及写作, 在双眼几乎失明的情况下, 以其惊人的记忆力和毅力, 做了很多事情。但他自 8 月末从内蒙古通辽返回后, 身体状况每况愈下。

　　1987 年 9 月 30 日, 姜椿芳在家人陪同下到北京医院检查, 医生发现癌细胞已侵入胰腺, 并扩散到肝脏。家人瞒着他, 并未告诉他实情。此时姜椿芳关心的仍是自己的眼睛, 听说现在美国的医学技术已经可以更换人工晶体了, 一直对此抱着很大的期望, 遂于 10 月 4 日办理了北京医院的住院手续, 进行了一系列检查。9 日, 医生们会诊后得出结论——晚期胰腺癌, 无法治疗, 只能用中医疗法延缓病情,

---

　　① 陈冰夷:《他还活着》, 载《文化灵苗播种人——姜椿芳》, 中国文史出版社 1990 年版, 第 172 页。
　　② 杨哲:《中国大百科全书的创始人——姜椿芳》,《名人传记》1994 年第 7 期。

遂归家。此后姜椿芳的病情越来越严重，10 月 22 日下午再次被送进了北京医院。经多方抢救无效，一个多月后就被病魔夺去了生命。

> 　国庆节后他就因患癌症住进了医院，病愈来愈重，但是他仍没有一天忘记大百科全书的工作，当他听到文学评论家许觉民同志在《人民日报》上发表了一篇介绍《中国文学》卷的文章时，一定要女儿妮娜找来念给他听。在病床上，他仍不断地打听各卷的消息和进展情况。直到弥留之际，即 1987 年 12 月 13 日、14 日这两天，人已经处于昏迷状态，但他的嘴里不停地断断续续在说："×× 稿子、图片、资料要保存好。""大百科出版社要选好接班人……"①

1987 年 12 月 17 日 18 时 35 分，姜椿芳与世长辞。

1988 年 1 月 6 日，姜椿芳遗体告别仪式在八宝山举行。参加遗体告别仪式的各界人士近三千人，远远超过了接到讣告的人数。他们中不仅有中央政治局常委、全国政协领导，也有戴着大皮帽子、穿着翻毛大衣的普通劳动者。当时在中国大百科全书出版社党委办公室工作的高巍那天在布置会场时看见，由于送花圈的人太多，而地方摆不下，结果摆到院子里仍然不行，最后只好把一个花圈上挂上数名送花圈的人的名字。高巍别的那个花圈上竟别了 15 人之多，而且这些人都是艺术大师级的，有张瑞芳、秦怡、白杨、张骏祥……而别的花圈上还别着翻译界、学术界、出版界、政协、中央编译局等机关、单位

---

① 　杨哲：《中国大百科全书的创始人——姜椿芳》，《名人传记》1994 年第 7 期。

和领导人的名签。

他曾发愿铸造、最终心血功成这座"没有围墙的大学",但此时此刻他却再也无法亲眼看到它广浩博大的卓著风采。他拳拳热忱、无私奉献地甘做"文化灵苗播种人",只留尊敬和想念他的旧友和同事在这生机葳蕤的知识苗圃寄托追思。

1984年,姜椿芳曾经为三联书店出版的《狄德罗传》著述导言,在文中,他写道:"狄德罗的名字和《法国百科全书》一起彪炳在历史的篇章上永放光芒。"这何尝不是他的写照?《中国大百科全书》74卷出齐的欢庆时刻,人们也不免怀着伤感之情追念它的倡议者和奠基人姜椿芳。可堪告慰的是,姜椿芳的名字已深深地镌刻在这座历史文化丰碑之上了。

1993年3月9日,新闻出版署办公室下发《关于〈中国大百科全书〉总编辑署名方式的意见》,对大百科全书的署名做了如下规定:

《中国大百科全书》(以下简称《全书》)第一版的出版任务将于今年完成,并将部分重印,74卷配齐成套发行。经与有关方面协商同意,《全书》年内配套发行和今后重印的各卷,在"本卷主要编辑、出版人员"一栏中,原总编辑名为姜椿芳的各卷不变;其他各卷总编辑署名为姜椿芳(去世后加黑框)、梅益。

除了编纂百科全书,姜椿芳还有一些别的抱负和理想,虽鲜为人知,却更见其风格、品德和思想。根据翻译家姜其煌《怀念姜老》一文记载,在他和姜椿芳的无数次交谈中,"姜老常常说起,作为一个知识分子和文字工作者,总得有几部像样的著作留传给后世。……他多次跟我谈到过等百科全书出齐以后他想做的几件事情和具体的设想。现在回想起来，姜老的最后抱负一共有 5 项工程"。

1. 姜椿芳想以他的母亲为主角写一部长篇小说。他认为他的母亲是很了不起的，她竟敢毅然离开鱼米之乡的常州，带着才能不高的丈夫和未成年的儿子，来到人地生疏、北风怒号的哈尔滨谋生。他的母亲做过各种各样的工作，最苦时当过人家的保姆，但却让他上了中学，学了俄语，终于找到了工作，结了婚。他从事地下活动以后，他的母亲又为杨靖宇等抗日将领做了许多工作。所以他要写一部长篇小说来献给他的母亲。

2. 姜椿芳想以孙尚香为主角，写一个剧本，他告诉姜其煌说：自古以来，天下美女多矣，但能名传青史者，则寥若晨星。为什么呢？因为仅靠美丽是不够的，必须有稀世的才华，才能名传后世，而孙尚香就是其中之一。孙尚香与刘备的结合，完全是蜀吴政治上的需要，所以她是蜀吴政治斗争的牺牲品。但她以少有的才能，周旋于孙权、太后、刘备与诸葛亮之间，游刃有余，从而保全了自己。她是值得一写的具有巨大戏剧性冲突的矛盾人物。

3. 姜椿芳想将他几十年来发表的文章，按内容汇编成几个集子出版。

4. 姜椿芳想把他几十年来的译文，按内容汇编成几个集子出版，他想首先出版戏剧译文集。

5. 他想把他在东北和上海的地下工作经历，写成一部回忆录。

后来，伴随着他身体健康的恶化，这些计划一个也没有实现，成为遗憾。

高山仰止，景行行止。时代已经跨入 21 世纪，新世纪、新时代的曙光已然来临。在这全面建成小康社会、建党百年的关键时间点，那个身材高大但却视力微弱、手执放大镜兀坐于书斋中、焚膏继晷兀兀穷年却仿佛揽月入怀的背影却依然清晰。他是一座丰碑，代表了中国知识分子的精神、良知和社会责任，他历经磨难而又矢志不渝的爱国情怀、渊深宏富而又虚怀若谷的治学精神、谦虚宽厚待人且办事细心周到的优良品格，至今仍受到后辈的敬仰和深深缅怀。

姜椿芳编辑出版大事年表

1912 年

7 月 28 日（农历六月十五），生于江苏省武进县西横林镇（今常州市钟楼区西林街道）。

1919—1923 年 7—11 岁

就读私塾，接受传统教育。

1924 年 12 岁

春，入东吴大学附属第十二小学读初小二年级。该校为基督教教会学校，1927 年改名恺乐小学。

1927 年 15 岁

3 月 20 日，参加欢迎北伐军进城活动，后作为学校代表参加全县的学生会。

春，在恺乐小学校长蒋文渊劝说下入基督教。

1928 年　16 岁

夏，高小毕业。

8 月，与姜母北上哈尔滨。

9 月，考入东省特区第三中学初一年级。

11 月，参加哈尔滨学生抗议日本在东北强修"五路"的斗争。写小诗和短文投寄哈尔滨《国际协报》。开始跟俄侨格拉祖诺夫每天学一小时俄文。

1929 年　17 岁

暑假后因无力交付下学期费用而辍学。

秋，入中东铁路工务处第八段办事室做俄文抄写员。

年底，根据《伯力议定书》，中东铁路恢复原状，7—12 月纠纷期间入职员工需离职，被解雇失业。

1930 年　18 岁

年初，经自常州被派来哈尔滨传道的基督教会牧师张海云介绍，入光华通讯社做俄文翻译。

初夏，兼职英商保宏保险公司收账员。

1931 年　19 岁

夏，加入反帝大同盟。

8 月，加入中国共产主义青年团。

1932 年　20 岁

2 月 5 日，日军占领哈尔滨。在此前后，光华通讯社停办，保宏保险公司裁员，姜椿芳又一次失业。

4 月，加入共青团哈尔滨市委，任宣传部长。从此，姜家成为团市委机关所在地。

5 月，被党组织委派到"英吉利—亚细亚"通讯社工作。从此上午做党团工作，下午去英亚通讯社，持续至 1936 年 5 月。

7 月，与罗烽、舒群、白朗等创办半公开性质的"星星剧团"。

9 月，调往团省委工作，任宣传部长。负责编《满洲青年》（后改名《东北青年报》）。

12 月，被通知转到党省委工作，要同团市委和团省委以及各支部断绝关系，遂迁居哈尔滨十一道街 13 号一间半地下室。自此完全转到党内工作，姜家成为党省委机关。

1933 年　21 岁

1 月起，在党省委工作，任宣传部干事，负责编党报《满洲红旗》（后改名为《东北人民报》），同时为省委起草文件、宣言、传单，管理秘密印刷所和发行站等。

5 月初，杨靖宇从南满来哈尔滨，在姜家住了一个月。5 月 28 日借端午节之机在姜家召开省委扩大会议，根据中央指示做出了建立东北人民抗日军、东北人民政府，建立统一战线等决定。

6 月，与罗烽、金剑啸及萧红、萧军、孙陵等筹备创办长春《大同报》副刊《夜哨》（1933.8.6—1933.12.24，共出版 21 期）。

12 月，因当时白色恐怖愈益严重，进出英亚社易暴露身份，使敌人找到省委机关，遂于年底迁居至道里经纬街，与组织采取单线联系。

1934 年　22 岁

上半年，与党组织联络员维持单独联络。

夏，联络员牺牲（新中国成立方得知），在 1935 年、1936 年暂时与党组织失去了联系。其间，给哈尔滨的《国际协报》、《大北新报》等投稿，写杂文和影评。

1935 年　23 岁

春，与张安英结婚。

7 月，与金剑啸直接领导袁亚成（袁励康）、侯小古、任震英等地下党团员创办哈尔滨口琴社。

秋冬之间，多次在金剑啸主持的《黑龙江民报》副刊刊文。

1936 年　24 岁

1 月，与自齐齐哈尔解职归来的金剑啸等筹备续办《大北新报画刊》。

4 月 20 日，改版后的《大北新报画刊》公开发行。

5 月，英亚社停办。党组织委派在英亚社工作的任务至此完成。

6 月 13 日午后被日本领事馆派人逮捕，关押在南岗车站街（现红军街）日本驻哈尔滨总领事馆特高系的地下室牢房里，共 35 天。后被联名保释出狱。

7 月底，离开哈尔滨。

8 月初抵达上海，先到松江县妻子娘家小住，然后到上海找工作。经苏联粮食出口协会陈大维介绍，考入上海大戏院和亚洲影片公司，做俄文翻译和广告工作，宣传苏联影片。此后在上海大戏院工作将近一年。

1937 年　25 岁

8 月，上海"八一三"抗战发生前夜，上海大戏院停业，举家迁入租界。写材料转交联系人，希望恢复组织关系。

11 月，党组织派殷扬（扬帆）来联系，接上了组织关系。与夏衍、梅益等合办《译报》（1937.12.9—12.20），担任俄文翻译；后担任《每日译报》（1938.1.21—1939.5.18）的俄文翻译，直至该报被迫停刊。

1938 年　26 岁

春，被党组织委派领导上海小剧场运动。

冬，中共上海地下党成立文化总支部（包括文学、戏剧、新文字三支部），任总支书记。

1939 年　27 岁

下半年，文化总支部改为文化委员会，姜椿芳任书记。

1940 年　28 岁

被党组织派去开辟京剧等方面的戏剧工作局面。

1941 年　29 岁

6 月，奉上级指示，联系苏联方面开展出版业务。

7 月，与苏联塔斯社远东分社社长罗果夫协商，出版以苏联商人为发行人的《时代》周刊，奉命主持《时代》周刊的出版工作。

8 月 20 日，《时代》周刊创刊。

12 月 8 日，太平洋战争爆发，日军占领上海租界，但以苏商名义出版的《时代》周刊保持原来面貌，继续出版。为安全起见作为工作人员每天去塔斯社办公，实际上还是做《时代》周刊的编辑工作。这时期与党组织的联系人是梅益。

1942 年　30 岁

9 月 1 日，向汪伪上海市政府正式登记成立"苏商时代书报出版社"。

11 月 7 日，《苏联文艺》月刊创刊。

1944 年　32 岁

2 月，日伪当局以外国人不得在华出版中文刊物为由，正式查封《时代》周刊与《苏联文艺》月刊。

年末，有日本宪兵中谷以"交朋友"方式纠缠，一直持续到日本投降。

1945 年　33 岁

5 月 1 日，《时代》周刊不经日伪同意，即行复刊。

8 月 8 日，苏联对日宣战。次日与塔斯社的其他中国人、苏联人一起被监禁。傍晚，中国人被释放回家。因担心中谷下毒手，次晨即躲到常州，至 8 月 15 日日本宣布无条件投降后返回上海。

8 月 16 日，即日本投降后的第二天，《新生活报》在上海创刊，9 月 1 日起改为《时代日报》。

1948 年　36 岁

6 月 3 日，《时代日报》被国民党当局查封。

1949 年　37 岁

4 月，接党组织通知，立刻离开上海。因得到情报，国民党当局将采用制造交通事故的方式予以暗杀。

4 月 18 日，化名魏晋卿飞往香港。

5 月初，乘轮船到天津转北平。

5 月 20 日左右，听周恩来指示后，随同接收上海的工作组（潘汉年、夏衍、许涤新等）赴上海。

5 月 27 日回到上海。被分配在文管会文化教育艺术处工作（任剧艺室主任），第一天便被派去和张春桥接收国民党中央社。以后主要做戏剧改革工作和上海各种社会活动的筹备工作。

5月，上海解放后，时代书报出版社不再用苏商的名义，改为中国的出版社，继续担任社长。刊物方面，《时代》杂志与《苏联文艺》、《苏联医学》继续出版，《时代日报》不再恢复。

10月间参加招待苏联第一个文化艺术代表团的工作。自此，主要力量转移到接待外宾工作方面。

11—12月，上海市委责成筹建上海俄文学校，后改名为上海俄文专科学校（现为上海外国语大学）。

1950 年　38 岁

春夏之间，筹建上海文化局下的对外文化联络事务处并被任命为处长，负责外交工作。

1952 年　40 岁

1月底，离开上海赴京，调任中宣部斯大林著作翻译室主任。

10月，译斯大林的《苏联社会主义经济问题》。

12月，参加维也纳世界人民和平大会，为宋庆龄当翻译。

1953 年　41 岁

年初，中共中央马克思、恩格斯、列宁、斯大林著作编译局成立，任副局长。仍参加《斯大林全集》的翻译工作。

1954 年　42 岁

9月，《斯大林全集》中文版第一卷出版。

1955 年　43 岁

冬，参加中国代表团出席在苏联举行的1905年革命50周年学术讨论会，到苏共马列主义研究院进行学术交流。

1956年　44岁

　　与科学院哲学社会科学部潘梓年、金岳霖联系，组织大学教授和社会力量翻译马恩著作，筹建马恩列斯陈列馆。

1957年　45岁

　　11月，与田家英、黎澍出席在捷克斯洛伐克举行的第三次国际党史会议。会后访问柏林、莫斯科和乌兰巴托。

1958年　46岁

　　6月，在中央编译局独支大局，此时局长师哲调出编译局，副局长陈昌浩生病住院，张仲实调往布拉格。局内一般工作，请示康生，康生建议姜椿芳参加中宣部部长办公会议。

　　秋天，编译局开始赶译《列宁全集》。

　　10月，赴柏林参加第四次国际党史会议，会后在莫斯科逗留一周。

1959年　47岁

　　8月底到9月，赴罗马尼亚出席第五次国际党史会议。

1960年　48岁

　　上半年参加《列宁选集》（4卷本）的编辑工作和列宁六个小册子的编选工作。

　　5月，开始参加《毛泽东选集》第四卷外文版的翻译工作，任俄文组组长。

　　6月底，因《党过生日》一文被指有严重错误，在局内受到批评。

7月18日，参加中宣部部长办公会议受到批评，此后被停止参会。

1961年 49岁

12月15日，由当时主持中央书记处工作的邓小平批示，我国第一个专门从事中译外的常设机构——毛泽东著作翻译室诞生。主持毛著室工作。

1964年 52岁

10月，化名姜村，进驻京郊通县徐辛庄公社小营大队，参加农村社会主义教育运动。入村不久接中宣部干部处通知，因负有介绍医生周潜川入京行医之责，写关于周的材料。

1965年 53岁

8月底，中央批发中监委关于周潜川案件的调查材料，将周定性为"反革命医生"。姜椿芳被点名，在中央编译局一部分党员范围内对其展开批评。

1966年 54岁

从年初起被调离毛著室，只在列斯室工作。

1968年 56岁

9月16日，经中央批准，被以"苏修特务"罪名投入北京秦城监狱单人牢房，身陷囹圄长达六年七个多月。

1975年 63岁

4月19日，带着编辑出版《中国大百科全书》的腹案被解除拘留，出狱。出狱当天，即向中央编译局领导谈起编辑中国缺少的大型工具书——百科全书的设想。随后，按中央编译局安排参加《列宁全集》的校订工作。

7 月 17 日，中共中央专案审查小组第三办公室下达了对姜椿芳审查做出的结论。

1976—1977 年　64—65 岁

边搜集、阅读国内外百科全书的资料，边向一些熟悉的、可能对百科全书感兴趣的朋友谈狱中设想，先后拜访多人，均表示首肯。经潜心研究、周密调查，写出《关于编辑出版〈中国大百科全书〉的建议》一文。

1978 年　66 岁

1 月 27 日，中国社会科学院出版的《情况和建议》（内刊）第 2 期刊发姜椿芳《关于编辑出版〈中国大百科全书〉的建议》一文。国家出版事业管理局的内部刊物《出版工作》1978 年第 3 期转载了此文。

4 月，写出关于出版《中国大百科全书》的正式倡议书送国家出版局，出版局请中国科学院和中国社会科学院会签，联名向中央提出《关于编辑出版〈中国大百科全书〉的请示报告》。

5 月，请示报告得到中央的批准。

7 月 10 日，召集最初参加中国大百科全书出版社筹备工作的八位同志，在中央编译局后楼召开第一次筹备组工作人员会议。

7 月 24 日，《中国大百科全书》编辑部第一次会议在版本图书馆内召开。主要讨论《中国大百科全书》总体设计、编辑出版百科丛书、内部刊物《百科全书参考资料》等问题，初步确定《中国大百科全书》卷数约为 40—50 卷，总字数约 5000 万字。

8 月 15 日，初访上海天文台，同李珩、万籁等天文学家商讨编纂《天文学》卷问题。

8 月 17 日，在上海会见上海市委宣传部长洪泽，商谈建立中国大百科全书出版社上海分社问题和大百科全书的印刷出版问题。

8月下旬，赴上海征求专家学者对编写《中国大百科全书》的意见。先后访问同济大学和复旦大学，分别访问李国豪、夏征农和苏步青教授。还邀集上海文化和出版界知名人士座谈。

8月，多次召集《中国大百科全书》编辑部开会，讨论并通过了"《中国大百科全书》按内容分卷的初步设想（方案之一）"，《中国大百科全书》为47卷，包括科学技术方面27卷，社会科学方面18卷，索引2卷，并且研究了着手编辑《天文学》卷等问题。

9月8日，再赴上海，参加中国天文学会年会，应邀在会上就编纂《中国大百科全书·天文学》卷作了报告。会议期间还邀集参加天文学年会的老专家张钰哲、戴文赛、李珩、王绶琯等四十多人座谈《天文学》卷的编纂问题。

10月7日，在北京召开《中国大百科全书》总编委会主任、副主任第一次会议。胡乔木主持，参加会议的副主任有于光远、陈翰伯、周扬、张友渔等。姜椿芳在会上提出《中国大百科全书》总体设计按大类分类出版的设想，得到批准。原则批准了以《天文学》作为首卷的方案。

10月22日，在赵朴初的关怀与支持下，姜椿芳、萧军、楼适夷等创立野草诗社。

11月18日，国务院正式下达"国务院转发国家出版局批准关于编辑出版《中国大百科全书》的请示报告和补充报告"（国发〔1978〕239号）的批文。补充报告中提到：因《中国大百科全书》规模大、涉及面广，须采取相应措施，才能完成编辑出版任务。鉴于上海的文化、科学、教育单位比较集中，著译力量雄厚，在上海设立中国大百科全书出版社分社，由陈虞孙、汤季宏、王顾明负责筹备。

11月，出席在北京召开的《天文学》卷编委第一次会议并讲话。

1979 年　67 岁

4 月，不列颠百科全书出版公司代表弗兰克·吉布尼联系出版合作问题。

5 月 1 日，中国大百科全书出版社创办的《百科知识》杂志问世，发表《为什么要出〈中国大百科全书〉》，作为代发刊词。

11 月 16 日，应中国大百科全书出版社的邀请，不列颠百科全书出版公司编委会副主席弗兰克·吉布尼、副总裁保·阿姆斯特朗等来华访问。

11 月 26 日上午，邓小平接见了吉布尼一行。姜椿芳向邓小平汇报了一年来大百科全书出版社的工作，也谈到了与美国不列颠百科全书出版公司合作编译《简明不列颠百科全书》中文版的问题，得到邓小平的赞许。

本年内先后参加了《物理学》、《法学》、《宗教》、《中国文学》、《外国文学》、《力学》、《世界经济》、《农业》、《体育》、《考古学》、《矿冶》等卷的开卷筹备工作。

同年，重点抓《天文学》卷的编辑工作，同时敦使《物理学》、《法学》、《宗教》、《中国文学》、《外国文学》、《体育》、《考古学》、《戏曲·曲艺》、《力学》、《音乐·舞蹈》、《化学》、《外国历史》、《生物学》、《中国历史》、《地理学》、《地质学》等开卷。

会见各学科的专家学者，利用一切机会宣传百科全书。

1980 年　68 岁

5 月 9—13 日，主持中国大百科全书出版社第一次编辑工作会议，着重讨论凡例及编辑人员上书问题。

5 月中旬，与美国不列颠百科全书出版公司代表吉布尼等举行会议，就出版《不列颠百科全书·简编》中文版的"原则协议"草案取得一致意见，并决定中方派五名代表访美，在美正式签订协议。

7 月 15 日，召集会议讨论全书美编工作。强调研究各国百科全书的装帧设计，广泛收集资料，大力组织国内美术力量，做好全书装帧设计和美编工作。

7月，与上海分社领导陈虞孙冒酷暑赴安徽绩溪海峰印刷厂看望正在那里工作的《天文学》卷和《百科年鉴》编辑组的同志，并在印刷厂职工大会上讲话，勉励他们做好百科全书的排版、印刷、装订工作。

8月，率中国大百科全书出版社代表团访美。12日，与美国不列颠百科全书出版社签订了共同出版《不列颠百科全书·简编》中文版（后据经济学家陈翰笙建议，中美双方一致同意，将中文书名改为《简明不列颠百科全书》）的协议。姜椿芳等在美国接受了"美国之音"记者的采访。

9月8日上午，邓小平在人民大会堂接见了美国不列颠百科全书出版公司以斯旺森为首的董事会代表团。接见时陈翰伯、许力以、姜椿芳、刘尊棋、王纪华和阎明复在座。

12月，《中国大百科全书·天文学》卷出版。

同年，除参加已开各卷的编委会成立会、编撰工作会议和审稿会外，继续使未开卷的《环境科学》、《矿冶》、《建筑·园林》、《固体地球物理学·测绘学·空间科学》、《大气科学·海洋科学·水文科学》、《交通》、《机械工程》、《军事》、《农业》、《戏剧》、《电影》、《土木工程》等开卷，参加各卷的筹备工作会议，拜访或会见各学科的专家学者并宣讲百科全书体例等。

1981年　69岁

5月8日，主持召开出版社编务会议，通过了《中国大百科全书编辑手册》的目录，《中国大百科全书》索引的编制原则，编写体例中关于重要事件、重要理论、重要著作、出版物、重要学派、流派、概念条目的七项规定。

9月11日，主持召开出版社第11次编务会议，出席会议的有唐守愚、刘雪苇、王顾明、王纪华、阎明复等十多人，重点讨论《中国大百科全书》

十年出齐问题。与会者一致同意"三不变"方针，即综合性和大类分卷的编法不变、70 卷的规模不变、十年出齐的目标不变。

同年，除先后参加《中国大百科全书》已开各卷的框架讨论会、审稿会、定稿会以及听取各卷的编辑工作汇报外，还使《教育》、《纺织》、《航空·航天》、《数学》、《经济学》、《中国地理》、《心理学》、《世界经济》等各卷开卷，召开各种会议，会见各学科卷的专家学者。

1982 年　70 岁

6 月 23 日，出席在人民大会堂举办的中国翻译工作者协会成立大会。被推选为会长，并在会上致词。

11 月 15 日，与刘尊棋和徐慰曾讨论《简明不列颠百科全书》的翻译、编辑、出版工作。

同年，先后参加了处于不同编辑阶段的各卷的多种会议，拜会了各学科卷的专家学者，并听取各编辑组的汇报。《数学》卷开卷。敦促《哲学》、《自动控制与系统工程》、《新闻·出版》、《电子学与计算机》、《语言·文字》等卷开卷。会见各卷的专家学者。

1983 年　71 岁

4 月 21 日，文化部党组收到中央宣传部 1983 年 4 月 11 日（83）干任字 27 号文关于姜椿芳、常萍同志任免报告的批复，中央同意姜椿芳同志任中国大百科全书出版社总编辑，常萍同志任中国大百科全书出版社社长。

7 月 15 日，中华人民共和国国务院总理发出任命书（第 03212 号），任命姜椿芳为中国大百科全书出版社总编辑。

9 月 28 日，中国大百科全书出版社党委会第一次全体会议，推选姜椿芳为书记，常萍、翟富中、阎明复为副书记。

同年，除了参加已开各卷的各种会议外，还听取编辑们的汇报，促成

《美术》、《化工》、《现代医学》、《轻工》等卷开卷。

1984 年   72 岁

12 月前后，先后拜访《中国大百科全书》总编辑委员会副主任沈鸿、于光远、贝时璋、张友渔、陈翰伯、茅以升、裴丽生和委员钱临照、王力、吕骥、刘思慕、钱俊瑞、夏衍、赵朴初等并致送聘书，还专程赴已故委员王竹溪、陈维稷家中，在遗像前鞠躬致哀，并请两位委员的夫人接受聘书。

同年，除参加已开卷的各种会议、听取各卷编辑的汇报外，还使《图书馆学·情报学·档案学》、《文物·博物馆》开卷，为《社会学》、《中国传统医学》卷的开卷做了很多筹备工作。

1985 年   73 岁

1 月，拜访总编委会副主任华罗庚、周扬、吴阶平，并致送聘书。

8 月 5—12 日，参加在新疆乌鲁木齐召开的第一次全国民族语文翻译学术研讨会并代表全国译协讲话。

9 月 10 日，陪同邓小平在人民大会堂接见美国不列颠百科全书出版公司代表团吉布尼一行。

本年内多次与赵洵（主编）、张曼真（责任编辑）等讨论《苏联百科词典》的翻译和编辑工作，并亲自审定前言、凡例、出版说明等稿件。

1986 年   74 岁

2 月 20 日，胡乔木的秘书来姜椿芳家，传达胡乔木关于出版社人事变动的意见。胡乔木的秘书宣读了胡乔木给中共中央组织部部长尉健行的信，信中建议姜椿芳改任出版社顾问，由梅益出任总编辑。

3 月 18 日，邓力群在中南海勤政殿召集姜椿芳、梅益、赵仲元等，宣读胡乔木给中共中央组织部部长尉健行关于中国大百科全书出版社总编辑易人的建议信。

4月21—26日，主持在人民大会堂召开的中国翻译工作者协会第一次全国代表大会，并作了《团结起来开创翻译工作新局面》的报告。会上再次当选为中国翻译工作者协会会长。

5月3日，召开中国大百科全书出版社全社职工大会，欢迎新上任的总编辑梅益。会上梅益讲话说："因为目前我对《全书》的工作不熟悉，日常工作过去是姜椿芳同志管的，仍然由他管，人事方面暂时不动。"

5月7日，与梅益同机飞上海，向上海分社职工介绍新任总编辑。

6月16日，文化部正式下发梅益、赵仲元、姜椿芳的任免通知，姜椿芳改任中国大百科全书出版社顾问。

9月10日，胡耀邦总书记在人民大会堂接见参加《简明不列颠百科全书》发行仪式的美国不列颠百科全书出版公司董事长格温、编委会副主任吉布尼等，宋木文、边春光、姜椿芳、常萍、刘尊棋、梅益等在座。

同日，在人民大会堂举行《简明不列颠百科全书》中文版出版发行招待会。出席会议的有中央领导、有关方面负责人和学术界人士。会上姜椿芳致欢迎词，常萍社长介绍中美合作过程，最后胡乔木代表《中国大百科全书》总编委会表示祝贺。

1987年　75岁

2月21日，胡乔木和梅益到姜椿芳家，要求姜椿芳不要再管出版社的工作。

4—6月，因青光眼入同仁医院。5月20日和6月10日先后做了右、左眼青光眼手术。6月27日出院。

5月31日，住院期间请假参加中华诗词学会成立大会，被推选为学会副会长，并作了大会书面发言。

8月20—23日，赴内蒙古通辽出席第二次全国民族语文翻译学术讨论会并代表全国译协讲话。

9月29日，最后一次去出版社上班，遍走各编辑部、室，向同志们告别。

9月30日，经CT检查发现肝和胰腺肿瘤。

10月4日，入住北京医院。后一度出院回家疗养。

12月17日18时35分，逝世于北京医院。

参考文献

姜椿芳：《从类书到百科全书》，中国书籍出版社 1990 年版。

姜椿芳：《姜椿芳文集》（10 卷），中央编译出版社 2012 年版。

陈隄、刘大志：《我对哈尔滨左翼文化运动片段回忆》，《北方文学》2011 年第 4 期。

陈梦熊：《姜椿芳与鲁迅的一段"影事"》，《鲁迅研究月刊》1991 年第 3 期。

程人力、王小兵、程馨：《"峨眉派"详考——兼论峨眉派武术绝非峨眉山武术》，《中华武术（研究）》2015 年第 4 期。

崔震：《邓小平同志年鉴谈话考证》，《江苏地方志》2018 年第 2 期。

邓伟志：《在陈虞老身边的日子里》，《世纪》2008 年第 5 期。

董丹：《姜椿芳在哈尔滨地下抗日活动述略》，《世纪桥》2012 年第 17 期。

黄鸿森、张曼真：《中国现代百科全书事业的奠基人》，《辞书研究》1988 年第 4 期。

黄鸿森：《姜椿芳和中国百科全书事业》，《出版史料》2008 年第 1 期。

黄鸿森：《姜椿芳与狄德罗》，《中国出版》1994 年第 1 期。

纪恒俊、姜廷：《爸爸姜椿芳狱中酝酿中国大百科全书》，《百年潮》2012年第5期。

纪恒俊：《那些人，那些事，那些画》，《中华儿女》2007年第4期。

纪恒俊：《奶奶和杨靖宇二三事》，《百年潮》2011年第12期。

姜廷、纪恒俊：《梅兰芳·周信芳·姜椿芳》，《中华儿女》2007年第6期。

金常政：《百科全书的故事：史话·编撰·评论·散记·怀念》，国家图书馆出版社2005年版。

廖育群：《周潜川、廖厚泽与〈古脉法〉》，《中国科技史料》2001年第4期。

芦珊珊：《姜椿芳的编辑思想》，《出版科学》2009年第6期。

马懋如：《许立群、姚溱因〈二月提纲〉遭厄运》，《炎黄春秋》2012年第9期。

马彦超：《左翼文化运动的优秀战士——纪念姜椿芳诞辰100周年》，《世纪桥》2012年第14期。

闵大洪：《"苏商"时代出版社与〈时代〉周刊、〈时代日报〉》，《新闻研究资料》1986年第3期。

闵大洪：《时代暴风雨中的海燕——上海〈时代日报〉》，《新闻记者》1987年第5期。

任溶溶：《浮生五记：任溶溶看到的世界》，上海译文出版社2012年版。

石磊、丘国栋、张遵修：《姜老永远同我们在一起——悼念中国大百科全书出版社顾问、原总编辑姜椿芳同志》，《百科知识》1988年第4期。

石凌鹤：《追忆当年往事如影》，《电影新作》1993年第3期。

宋木文：《亲历出版30年——新时期出版纪事与思考》，商务印书馆2007年版。

孙关龙：《勇于创新、善于创新的姜老——纪念姜椿芳同志百岁诞辰》，《辞书研究》2012年第5期。

孙桂娟、麻服俐：《伪满时期的哈尔滨口琴社事件》，《黑龙江史志》

2002 年第 5 期。

谭琦：《姜椿芳校长传》，上海外语教育出版社 2019 年版。

唐守愚：《"秦上校"姚溱》，《新四军江淮大学纪念文集》，2011 年 1 月印制。

王建丰：《上海沦陷时期姜椿芳的反法西斯文学翻译》，《东方翻译》2017 年第 1 期。

王式斌等著：《文化灵苗播种人——姜椿芳》，中国文史出版社 1990 年版。

王志军、李薇：《20 世纪上半期哈尔滨犹太人的宗教生活与政治生活》，人民出版社 2013 年版。

魏龙泉：《忆中国出版外贸公司初创时期工作》，《出版史料》2010 年第 4 期。

吴晗：《启蒙的畅销书——〈不列颠百科全书〉早期编纂史探源》，《新世纪图书馆》2019 年第 10 期。

徐慰曾：《中美百科全书界的两度成功合作——谈〈不列颠百科全书〉的两个中文版本》，《辞书研究》2000 年第 2 期。

阎明复、朱瑞真：《中央办公厅翻译组十年》，《百年潮》2007 年第 1 期。

杨凯：《周潜川学术经验临证运用心得》，《山西中医》1989 年第 4 期。

杨哲：《中国大百科全书的创始人——姜椿芳》，《名人传记》1994 年第 7 期。

杨哲、宋敏：《姜椿芳传》，中国文联出版社 2007 年版。

杨之华口述、杨培明整理：《我的老校长姜椿芳》，《档案春秋》2012 年第 10 期。

姚以恩、姜妮娜、姜杭生编：《姜椿芳纪念文集》，中国大百科全书出版社 2008 年版。

叶水夫：《提高全民素质普及百科知识》，《百科知识》1995 年第 12 期。

尹承东：《默默奉献四十年——我所知道的中央文献翻译部》，《纵横》2000 年第 6 期。

袁励康：《忆宋庆龄主持音乐剧〈孟姜女〉义演》，《中国福利会史志资料》1990 年第 1 期。

张福山：《哈尔滨史话》，哈尔滨出版社 1998 年版。

张弘：《徐慰曾：〈不列颠百科全书〉背后的故事》，《小康》2007 年第 9 期。

张瑞、曲晓范：《〈大北新报画刊〉与中共满洲省委的抗日文化宣传》，《东疆学刊》2017 年第 4 期。

郑异凡：《照片中的北京通县小营村"四清"》，《世纪》2020 年第 5 期。

周而复：《简略的回顾》，《新文学史料》1990 年第 1 期。

朱佳宁：《〈苏联文艺〉译者笔名考述》，《中国现代文学研究丛刊》2016 年第 9 期。

朱菱艳：《九十岁的书籍艺术家——张慈中》，《群言》2014 年第 8 期。

邹士方：《非凡的文化战士——追记已故全国政协文化组组长姜椿芳》，《民主》1990 年第 3 期。

代后记：
最好的纪念，除了书写便是传承

　　五年前，人民出版社邀约撰写《中国出版家·姜椿芳》之时，我刚步入而立之年，那时也是我与中国大百科全书出版社结缘整十年。或许是出于一种荣耀、责任、勇气……混合在一起不知如何描述的心理，我当即应承下了这一任务。但此后长时间陷于工作、生活的种种俗琐，五年光景倏然而过，想来不禁喟然。坦率地说，五年断断续续的写作过程，是一个荣幸与惶恐、追慕与愧憾、激动与无奈交织杂糅的过程。其实在动笔之前，我就已知道市面上有了《姜椿芳传》面世，十卷本的《姜椿芳文集》和多种纪念文集均已推出。动笔之初，因为采访的缘故，拜访姜老之女姜妮娜女士和姜老外孙女谭琦女士时便知道了谭琦女士正在应上海外国语大学之邀撰写《姜椿芳校长传》……再加上对自己缺乏系统学术训练和长篇写作功底不足的基本认知，这一切的一切，都不同程度地让我整个写作过程的信心和勇气受到了挫伤，能够最终完成全书的写作，大抵只是出于对姜老的敬慕之情和有始有终的做事风格使然。但要说书稿有多高水平或者自己有多么满意，那是万万没有的。

我之所以发愿去寻找、研究、撰写姜老的一生，自然是与我毕业以后即到中国大百科全书出版社工作并在那里度过了最美好、最难忘的 12 年青春光阴有关。我想任何一位知道姜椿芳名字的读者，都或多或少地了解他与《中国大百科全书》的关系——他是《中国大百科全书》的拓荒者和奠基人，被称为"中国百科全书之父"。仅仅凭借《中国大百科全书》这一彪炳史册的鸿篇巨制，姜椿芳先生便足以傲立于中国现当代出版史、科学史和文化史册。但在姜老波澜壮阔的一生中，却不仅仅只有拓荒、奠基中国现代百科全书事业的伟业，他在新中国成立前对党的地下工作的突出贡献，他亲手缔造的上海外国语大学，他参与创办的中央编译局，他之于中国翻译事业、中国外语教育事业的辛勤付出，都是不容忽视且值得铭记的。当然，本书作为"中国出版家丛书"的一种，自然要侧重于从出版家的角度来记述姜老的一生，在写法上、史料选取与剪裁熔铸上就必须与一般名人传记有所区别了。对于丛书，我个人粗浅的理解是，要通过对每位中国出版家的评述，从各个侧面展现那些在不同时期、不同领域中有代表性的人物的思想活力和业绩，从而以微见著、由具体到一般地勾勒出这段历史中中国出版的总体面貌，为进一步全面系统地总结中国出版史打下基础。所以本书在记述姜椿芳先生生平时，必须以他在出版方面的活动与建树为主线，以出版家的眼光来观照他的事迹，如此，自然就能区别于同类作品了。

在搜集资料、动笔撰写之时，我尚身在百科社，目之所及，手之所触，无非百科；耳之所闻，口之所问，皆有所得。因有了这样的便利，最初的基本资料搜集整理便方便许多，框架的搭建也渐趋成型。

本书从 2018 年 1 月下旬开始动笔，到 2020 年 12 月完成初稿，其间由于日常工作琐杂繁冗且时常出差在外，写作真的是断断续续。如今书已写完，自己是不甚满意也别无他法的，对于其中长短得失，只能留给读者去评判，我觉得意犹未尽而想再说几句的是一些题外话。

首先是史料、材料的选择。姜老是一个学识渊博、兴趣广泛、交游广阔的人，不管是在翻译界、文艺界、学术界、教育界、新闻出版界，都可谓名满天下。写作过程中接触到大量的史料，如记载姜老在戏剧方面的造诣、擅长刻印、翻译水准臻于化境等等，甚至一些老战友、老朋友回忆起的逸闻趣事，出于出版家主线的考虑，都只能忍痛割爱。但我也等于在搜集和选择各种史料的过程中，从各个不同方面与姜老进行了一次次或大或小或旁敲侧击或深度探讨的对话，如坐春风，如负暄，如对太史公。姜老伟岸人格与渊博学识，令人高山仰止，神往不已。

其次是史料、材料的辨章与考镜。写作中遇到的种种细节问题可谓层见叠出。姜老在"文革"前写的个人材料并不能作为裁判标准，还得通过与其他文章、回忆的对照才能得出更准确的判断；众多的回忆文章有时候也会打架，这时就需要有自己的判断……21 世纪以来学术研究更为规范化，也让我从中受益颇多，一些前人所未注意到或有意忽略的史料，也在爬梳中一一呈现出来，比如被定性为敌特的周潜川是怎样的一个"高手""名医"，《中国大百科全书》的署名问题，等等。如果一定要说本书的特色的话，那么时间线比较清晰，尽量客观还原当时的各个大小事件，无疑算是其中之一了。

最后是姜老辉煌壮阔的一生，足以令人神往、令史家倾笔，但时下了解或知道姜老的人并不多，这让人多少有点憾然，杰出知识分子之于国家于文化事业的艰苦卓著的贡献，自然应被铭记被传颂，而知者寥寥，姜老之名未能大显，心中不免感叹……

本书的资料收集和写作过程，得到了我的导师吴永贵教授和百科同仁陈光博士的大力指导，整个过程中王月与和欢两位同事，特别是王月承担了大量的前期资料收集、整理和写作事务，姜椿芳先生之女姜妮娜女士和姜老外孙女谭琦女士在写作采访中也给予了大力的支持，中国出版集团党组副书记刘伯根先生，中国大百科全书出版社社长刘国辉先生、老书记刘晓东先生以及总编室主任胡春玲女士也提供了不同方面的支持和帮助，借此机会，深表谢意。我一生幸运，时常遇到帮助和支持我的各种贵人，前述诸位也正可以称为我的贵人，感恩遇见。在本书成稿之际，我还要深深感谢人民出版社的编辑老师对全书从框架、体例到具体文字等一丝不苟的认真审读以及对我的懒散和拖延一直地包容、鼓励和不放弃，是你们的宽恕，才让我坚持到如今完成全稿，真心感激。

当然，对姜老最好的敬慕和纪念，除了书写，便是传承。传承姜老作为老一辈革命家、出版家的一心为国、顽强斗争、无私奉献、启迪后人的精神衣钵，立足本职工作，为中国出版事业、为新时代文化事业发展做出应有的贡献。

陈义望

2021 年 11 月 8 日夜

于北京美术馆东街 22 号南窗灯下

统　　筹：贺　畅

责任编辑：罗少强

封面设计：肖　辉　姚　菲

版式设计：汪　莹

图书在版编目（CIP）数据

中国出版家 . 姜椿芳 / 陈义望，禾亦 著 . —北京：人民出版社，2022.4

（中国出版家丛书 / 柳斌杰主编）

ISBN 978－7－01－024271－2

I. ①中… 　II. ①陈…②禾… 　III. ①姜椿芳－生平－事迹 　IV. ① K825.42

中国版本图书馆 CIP 数据核字（2021）第 249341 号

中国出版家 · 姜椿芳

ZHONGGUO CHUBANJIA JIANG CHUNFANG

陈义望　禾 亦　著

人 民 出 版 社 出版发行

（100706　北京市东城区隆福寺街 99 号）

北京盛通印刷股份有限公司印刷　新华书店经销

2022 年 4 月第 1 版　2022 年 4 月北京第 1 次印刷

开本：710 毫米 ×1000 毫米 1/16　印张：12.25

字数：150 千字

ISBN 978－7－01－024271－2　定价：58.00 元

邮购地址 100706　北京市东城区隆福寺街 99 号

人民东方图书销售中心　电话（010）65250042　65289539